Caro aluno, seja bem-vindo à sua plataforma do conhecimento!

A partir de agora, está à sua disposição uma plataforma que reúne, em um só lugar, recursos educacionais digitais que complementam os livros impressos e foram desenvolvidos especialmente para auxiliar você em seus estudos. Veja como é fácil e rápido acessar os recursos deste projeto.

1 Faça a ativação dos códigos dos seus livros.

Se você NÃO tem cadastro na plataforma:
- acesse o endereço <login.smaprendizagem.com>;
- na parte inferior da tela, clique em "Registre-se" e depois no botão "Alunos";
- escolha o país;
- preencha o formulário com os dados do tutor, do aluno e de acesso.

O seu tutor receberá um *e-mail* para validação da conta. Atenção: sem essa validação, não é possível acessar a plataforma.

Se você JÁ tem cadastro na plataforma:
- em seu computador, acesse a plataforma pelo endereço <login.smaprendizagem.com>;
- em seguida, você visualizará os livros que já estão ativados em seu perfil. Clique no botão "Códigos ou licenças", insira o código abaixo e clique no botão "Validar".

Este é o seu código de ativação! → D842C-Y8BBR-AERDP

2 Acesse os recursos

usando um computador.

No seu navegador de internet, digite o endereço <login.smaprendizagem.com> e acesse sua conta. Você visualizará todos os livros que tem cadastrados. Para escolher um livro, basta clicar na sua capa.

usando um dispositivo móvel.

Instale o aplicativo **SM Aprendizagem**, que está disponível gratuitamente na loja de aplicativos do dispositivo. Utilize o mesmo *login* e a mesma senha que você cadastrou na plataforma.

Importante! Não se esqueça de sempre cadastrar seus livros da SM em seu perfil. Assim, você garante a visualização dos seus conteúdos, seja no computador, seja no dispositivo móvel. Em caso de dúvida, entre em contato com nosso canal de atendimento pelo **telefone 0800 72 54876** ou pelo **e-mail** atendimento@grupo-sm.com.

APRENDER JUNTOS

1º ANO

MATEMÁTICA

ENSINO FUNDAMENTAL

Organizadora: SM Educação
Obra coletiva concebida, desenvolvida e produzida por SM Educação.
São Paulo, 7ª edição, 2021

***Aprender Juntos* Matemática 1**
© SM Educação
Todos os direitos reservados

Direção editorial	Cláudia Carvalho Neves
Gerência editorial	Lia Monguilhott Bezerra
Gerência de *design* e produção	André Monteiro
Edição executiva	Isabella Semaan
Edição:	Andrezza Guarsoni Rocha, Cármen Matricardi, Cristiano Oliveira da Conceição, Diana Maia, Patricia Nakata, Tomas Masatsugui Hirayama
Colaboração técnico-pedagógica:	Eduardo Chavante, Millyane M. Moura Moreira, Walkiria Cibelle Roque
Suporte editorial:	Fernanda de Araújo Fortunato
Coordenação de preparação e revisão	Cláudia Rodrigues do Espírito Santo
	Preparação: Helena Alves Costa, Maria Angélica Lau P. Soares, Valéria Cristina Borsanelli
	Revisão: Helena Alves Costa, Márcio Dias Medrado, Maria Angélica Lau P. Soares, Valéria Cristina Borsanelli
	Apoio de equipe: Camila Durães Torres, Lívia Taioque
Coordenação de *design*	Gilciane Munhoz
	Design: Thatiana Kalaes, Lissa Sakajiri
Coordenação de arte	Andressa Fiorio
	Edição de arte: Vitor Trevelin
	Assistência de arte: Elizabeth Kamazuka, Viviane Ayumi Yonamine
	Assistência de produção: Leslie Morais
Coordenação de iconografia	Josiane Laurentino
	Pesquisa iconográfica: Fabio Matsuura
	Tratamento de imagem: Marcelo Casaro
Capa	APIS Design
	Ilustração da capa: Henrique Mantovani Petru
Projeto gráfico	APIS Design
Editoração eletrônica	Fórmula Produções Editoriais
Pre-impressão	Américo Jesus
Fabricação	Alexander Maeda
Impressão	Ricargraf

Elaboração de originais

Andrezza Guarsoni Rocha
Licenciada em Matemática pelo Instituto de Matemática e Estatística (IME) da Universidade de São Paulo (USP).
Editora e elaboradora de conteúdo para materiais didáticos.

Cármen Matricardi
Licenciada e Bacharelada em Matemática pela Universidade Presbiteriana Mackenzie (Mackenzie-SP).
Editora e elaboradora de conteúdo para materiais didáticos.

Cristiano Oliveira da Conceição
Licenciado em Letras pela Universidade Paulista (Unip-SP).
Especialista em Língua Portuguesa pela Pontifícia Universidade Católica de São Paulo (PUC-SP).
Editor e elaborador de conteúdo para materiais didáticos.

Diana Maia
Mestra em Educação Matemática pela Pontifícia Universidade Católica de São Paulo (PUC-SP).
Licenciada em Matemática pela Fundação Santo André (FSA).
Editora e elaboradora de conteúdo para materiais didáticos.

Isabella Semaan
Bacharelada em Ciência e Tecnologia pela Universidade Federal do ABC (UFABC-SP).
Editora e elaboradora de conteúdo para materiais didáticos.

Patricia Nakata
Licenciada em Matemática pelo Instituto de Matemática e Estatística (IME) da Universidade de São Paulo (USP).
Editora e elaboradora de conteúdo para materiais didáticos.

Em respeito ao meio ambiente, as folhas deste livro foram produzidas com fibras obtidas de árvores de florestas plantadas, com origem certificada.

Dados Internacionais de Catalogação na Publicação (CIP)
(Câmara Brasileira do Livro, SP, Brasil)

Aprender juntos matemática, 1º ano : ensino fundamental / organizadora SM Educação ; obra coletiva concebida, desenvolvida e produzida por SM Educação. -- 7. ed. -- São Paulo : Edições SM, 2021. -- (Aprender juntos)

ISBN 978-65-5744-254-8 (aluno)
ISBN 978-65-5744-284-5 (professor)

1. Matemática (Ensino fundamental) I. Série.

21-66439   CDD-372.7

Índices para catálogo sistemático:

1. Matemática : Ensino fundamental   372.7

Cibele Maria Dias — Bibliotecária — CRB-8/9427

7ª edição, 2021
1ª impressão, 2021

SM Educação
Rua Cenno Sbrighi, 25 – Edifício West Tower n. 45 – 1º andar
Água Branca   05036-120   São Paulo   SP   Brasil
Tel. 11 2111-7400
atendimento@grupo-sm.com
www.grupo-sm.com/br

APRESENTAÇÃO

QUERIDO ALUNO, QUERIDA ALUNA,

ESTE LIVRO FOI CUIDADOSAMENTE PENSADO PARA AJUDAR VOCÊ A CONSTRUIR UMA APRENDIZAGEM SIGNIFICATIVA E QUE BENEFICIE VOCÊ NÃO SOMENTE HOJE, MAS TAMBÉM NO FUTURO. NELE, VOCÊ VAI ENCONTRAR INCENTIVO PARA CRIAR, EXPRESSAR IDEIAS E PENSAMENTOS, REFLETIR SOBRE O QUE ESTÁ APRENDENDO E COMPARTILHAR EXPERIÊNCIAS E CONHECIMENTOS.

OS TEMAS, OS TEXTOS, AS IMAGENS E AS ATIVIDADES PROPOSTOS POSSIBILITAM O DESENVOLVIMENTO DE COMPETÊNCIAS E HABILIDADES FUNDAMENTAIS PARA VIVER EM SOCIEDADE. ALÉM DISSO, AJUDAM VOCÊ A LIDAR COM SUAS EMOÇÕES, A DEMONSTRAR EMPATIA, A ALCANÇAR OBJETIVOS, A MANTER RELAÇÕES SOCIAIS POSITIVAS E A TOMAR DECISÕES DE MANEIRA RESPONSÁVEL, PROPORCIONANDO OPORTUNIDADES VALIOSAS PARA QUE VOCÊ SE DESENVOLVA COMO CIDADÃO OU CIDADÃ.

ACREDITAMOS QUE POR MEIO DE ATITUDES POSITIVAS E CONSTRUTIVAS CONQUISTAMOS AUTONOMIA E CAPACIDADE PARA TOMAR DECISÕES ACERTADAS, RESOLVER PROBLEMAS E SUPERAR CONFLITOS.

ESPERAMOS QUE ESTE MATERIAL CONTRIBUA PARA SEU DESENVOLVIMENTO E PARA SUA FORMAÇÃO.

BONS ESTUDOS!

EQUIPE EDITORIAL

CONHEÇA SEU LIVRO

CONHECER SEU LIVRO VAI AJUDAR VOCÊ A APROVEITAR MELHOR AS OPORTUNIDADES DE APRENDIZAGEM QUE ELE OFERECE.

ESTE VOLUME CONTÉM OITO CAPÍTULOS.

VEJA COMO CADA LIVRO ESTÁ ORGANIZADO.

ABERTURA DO LIVRO

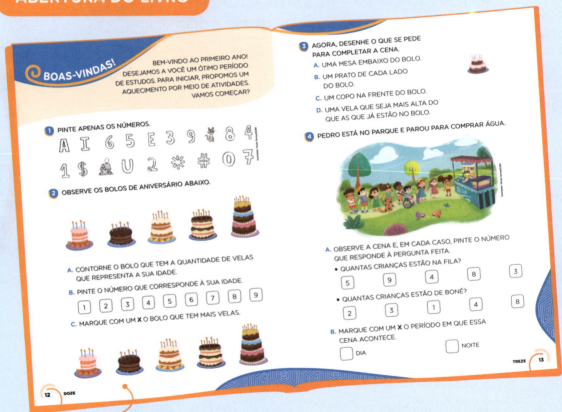

BOAS-VINDAS!

ANTES DE MERGULHAR NOS CAPÍTULOS, VOCÊ VAI ENCONTRAR A SEÇÃO **BOAS-VINDAS!**, QUE TRAZ ATIVIDADES QUE AJUDAM VOCÊ A VERIFICAR ALGUNS CONHECIMENTOS QUE JÁ TEM E QUE SERÃO IMPORTANTES PARA O TRABALHO COM ESTE LIVRO.

ABERTURA DE CAPÍTULO

CADA CAPÍTULO SE INICIA COM UMA GRANDE IMAGEM. NESSE MOMENTO, VOCÊ VAI FAZER OS PRIMEIROS CONTATOS COM ALGUNS TEMAS QUE VÃO SER ESTUDADOS NO CAPÍTULO.

DESENVOLVIMENTO DO ASSUNTO

O CONTEÚDO É APRESENTADO POR MEIO DE ATIVIDADES, IMAGENS E TEXTOS. ESSES RECURSOS FORAM ORGANIZADOS DE MANEIRA QUE VOCÊ POSSA COMPREENDER AS IDEIAS PROPOSTAS.

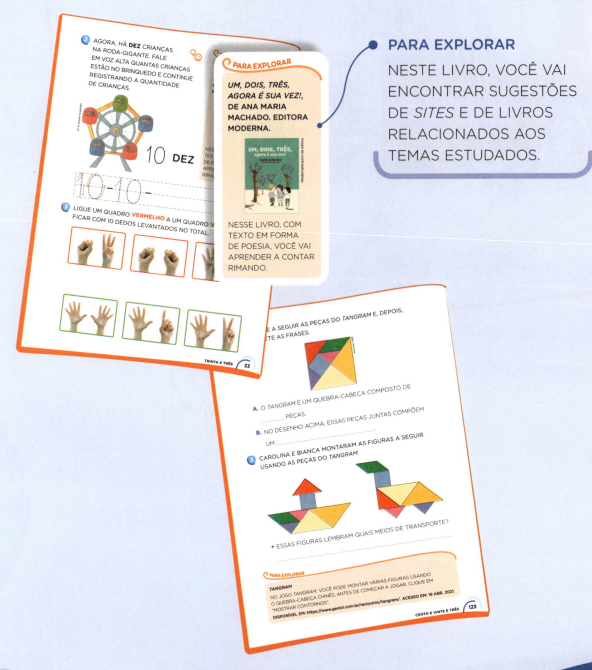

PARA EXPLORAR

NESTE LIVRO, VOCÊ VAI ENCONTRAR SUGESTÕES DE *SITES* E DE LIVROS RELACIONADOS AOS TEMAS ESTUDADOS.

FINALIZANDO O CAPÍTULO

AO FINAL DE CADA CAPÍTULO, HÁ SEÇÕES QUE BUSCAM AMPLIAR SEUS CONHECIMENTOS.

NA SEÇÃO **PROBABILIDADE E ESTATÍSTICA**, SÃO TRABALHADOS CONTEÚDOS COMO LEITURA, INTERPRETAÇÃO E REGISTRO DE DADOS EM TABELAS E GRÁFICOS, ALÉM DE TÓPICOS RELACIONADOS À PROBABILIDADE.

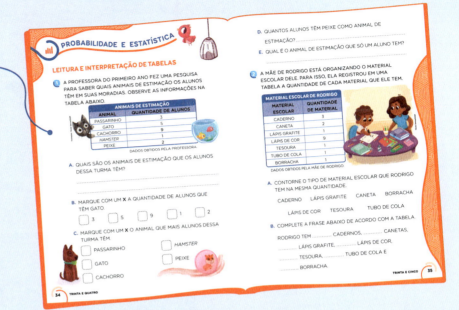

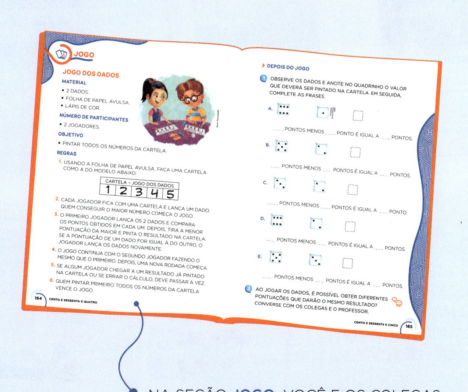

NA SEÇÃO **JOGO**, VOCÊ E OS COLEGAS VÃO APRENDER E SE DIVERTIR COM JOGOS E BRINCADEIRAS.

SETE 7

NA SEÇÃO **PESSOAS E LUGARES**, VOCÊ VAI CONHECER ALGUMAS CARACTERÍSTICAS CULTURAIS DE DIFERENTES COMUNIDADES.

A SEÇÃO **VAMOS LER IMAGENS!** EXPLORA A ANÁLISE DE UMA OU MAIS IMAGENS E É ACOMPANHADA DE ATIVIDADES QUE VÃO AJUDAR VOCÊ A DESENVOLVER ESSA HABILIDADE.

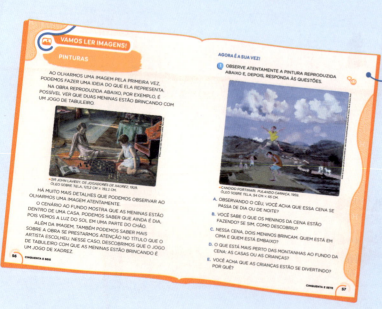

AS ATIVIDADES DA SEÇÃO **APRENDER SEMPRE** SÃO UMA OPORTUNIDADE PARA VOCÊ VERIFICAR E ANALISAR O QUE APRENDEU E REFLETIR SOBRE OS ASSUNTOS ESTUDADOS.

FINALIZANDO O LIVRO

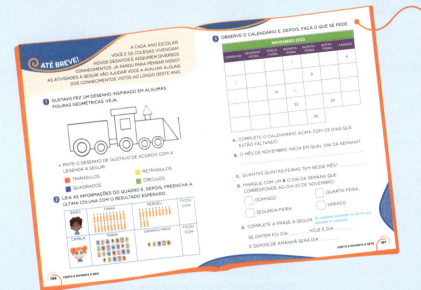

ATÉ BREVE!
NESTA SEÇÃO, AO FINAL DO VOLUME, VOCÊ TEM A OPORTUNIDADE DE VERIFICAR O QUE APRENDEU AO LONGO DO ANO POR MEIO DE ALGUMAS ATIVIDADES.

MATERIAL COMPLEMENTAR

NO FINAL DO LIVRO, VOCÊ VAI ENCONTRAR **MATERIAL COMPLEMENTAR** PARA USAR EM ALGUMAS ATIVIDADES.

ÍCONES USADOS NO LIVRO

SABER SER
SINALIZA MOMENTOS PROPÍCIOS PARA O DESENVOLVIMENTO DE **COMPETÊNCIAS SOCIOEMOCIONAIS**.

ATIVIDADE ORAL
INDICA QUE A ATIVIDADE DEVE SER RESPONDIDA ORALMENTE.

SUMÁRIO

BOAS-VINDAS! • 12

CAPÍTULO 1 — NÚMEROS ATÉ 10 — 14

NÚMEROS NO DIA A DIA • 16
COMPARANDO QUANTIDADES • 18
REPRESENTANDO QUANTIDADES • 20
OS NÚMEROS 1, 2 E 3 • 22
OS NÚMEROS 4 E 5 • 24
OS NÚMEROS 6 E 7 • 26
OS NÚMEROS 8 E 9 • 28
O NÚMERO ZERO • 30
O NÚMERO 10 • 32
PROBABILIDADE E ESTATÍSTICA
  LEITURA E INTERPRETAÇÃO DE TABELAS • 34
APRENDER SEMPRE • 36

CAPÍTULO 2 — ALGUMAS NOÇÕES DE MATEMÁTICA — 38

EM CIMA OU EMBAIXO? • 40
NA FRENTE, ATRÁS OU ENTRE? • 41
DENTRO OU FORA? • 42
LONGE OU PERTO? • 44
DIREITA OU ESQUERDA? • 46
MESMO SENTIDO OU SENTIDO CONTRÁRIO? • 48
MAIOR OU MENOR? • 50
ANTES OU DEPOIS? • 52
PROBABILIDADE E ESTATÍSTICA
  CONSTRUÇÃO DE TABELAS • 54
VAMOS LER IMAGENS!
  PINTURAS • 56
APRENDER SEMPRE • 58

CAPÍTULO 3 — ADIÇÃO E SUBTRAÇÃO — 60

ADIÇÃO • 62
REPRESENTAR E EFETUAR ADIÇÕES • 65
ADIÇÕES NA MALHA QUADRICULADA • 67
SUBTRAÇÃO • 69
REPRESENTAR E EFETUAR SUBTRAÇÕES • 72
PROBABILIDADE E ESTATÍSTICA
  CLASSIFICAÇÃO DE EVENTOS • 74
JOGO
  BOLAS DE PAPEL • 76
APRENDER SEMPRE • 78

CAPÍTULO 4 — NÚMEROS ATÉ 31 — 80

MAIOR QUE OU MENOR QUE • 82
SEQUÊNCIA NUMÉRICA • 85
NÚMEROS EM ORDEM • 88
RETA NUMÉRICA • 90
A DEZENA • 91
NÚMEROS ATÉ 20 • 92
DÚZIA E MEIA DÚZIA • 96
NÚMEROS ATÉ 31 • 98
PROBABILIDADE E ESTATÍSTICA
  LEITURA E INTERPRETAÇÃO DE GRÁFICOS DE BARRAS • 102
VAMOS LER IMAGENS!
  CAPAS DE LIVROS • 104
APRENDER SEMPRE • 106

CAPÍTULO 5 — GEOMETRIA • 108

- VAMOS ORGANIZAR OBJETOS? • 110
- LOCALIZAÇÃO • 113
- PADRÕES • 116
- FIGURAS NÃO PLANAS • 118
- FIGURAS PLANAS • 120
- TANGRAM • 122
- PROBABILIDADE E ESTATÍSTICA
  - CONSTRUÇÃO DE GRÁFICOS DE BARRAS • 124
- JOGO
  - FORMANDO PARES • 126
- APRENDER SEMPRE • 128

CAPÍTULO 6 — MAIS NÚMEROS • 130

- NÚMEROS ATÉ 40 • 132
- COMPARAÇÃO DE NÚMEROS ATÉ 40 • 134
- DEZENAS INTEIRAS • 136
- MAIS NÚMEROS • 138
- O NÚMERO 100 • 146
- PROBABILIDADE E ESTATÍSTICA
  - TABELAS E GRÁFICOS • 148
- APRENDER SEMPRE • 150

CAPÍTULO 7 — MAIS ADIÇÃO E SUBTRAÇÃO • 152

- MAIS ADIÇÕES • 154
- MAIS SUBTRAÇÕES • 158
- PROBABILIDADE E ESTATÍSTICA
  - NOÇÕES INICIAIS DE PROBABILIDADE • 162
- JOGO
  - JOGO DOS DADOS • 164
- PESSOAS E LUGARES
  - APRENDENDO MATEMÁTICA COM PARLENDAS • 166
- APRENDER SEMPRE • 168

CAPÍTULO 8 — GRANDEZAS E MEDIDAS • 170

- COMPARANDO COMPRIMENTOS • 172
- COMPARANDO MASSAS • 176
- COMPARANDO CAPACIDADES • 178
- O DIA • 180
- OS DIAS DA SEMANA • 182
- O CALENDÁRIO • 184
- CONHECENDO O DINHEIRO BRASILEIRO • 186
- PROBABILIDADE E ESTATÍSTICA
  - PESQUISA • 188
- JOGO
  - JOGO DAS COMPARAÇÕES • 190
- PESSOAS E LUGARES
  - CONHECENDO A PETECA • 192
- APRENDER SEMPRE • 194

- ATÉ BREVE! • 196
- BIBLIOGRAFIA COMENTADA • 199
- MATERIAL COMPLEMENTAR • 201

BOAS-VINDAS!

BEM-VINDO AO PRIMEIRO ANO! DESEJAMOS A VOCÊ UM ÓTIMO PERÍODO DE ESTUDOS. PARA INICIAR, PROPOMOS UM AQUECIMENTO POR MEIO DE ATIVIDADES. VAMOS COMEÇAR?

1 PINTE APENAS OS NÚMEROS.

A   I   6   5   E   3   9   8   4

1   $ U   2   *   #   0   7

2 OBSERVE OS BOLOS DE ANIVERSÁRIO ABAIXO.

A. CONTORNE O BOLO QUE TEM A QUANTIDADE DE VELAS QUE REPRESENTA A SUA IDADE.

B. PINTE O NÚMERO QUE CORRESPONDE À SUA IDADE.

| 1 | 2 | 3 | 4 | 5 | 6 | 7 | 8 | 9 |

C. MARQUE COM UM **X** O BOLO QUE TEM MAIS VELAS.

3 AGORA, DESENHE O QUE SE PEDE PARA COMPLETAR A CENA.

A. UMA MESA EMBAIXO DO BOLO.

B. UM PRATO DE CADA LADO DO BOLO.

C. UM COPO NA FRENTE DO BOLO.

D. UMA VELA QUE SEJA MAIS ALTA DO QUE AS QUE JÁ ESTÃO NO BOLO.

4 PEDRO ESTÁ NO PARQUE E PAROU PARA COMPRAR ÁGUA.

A. OBSERVE A CENA E, EM CADA CASO, PINTE O NÚMERO QUE RESPONDE À PERGUNTA FEITA.

• QUANTAS CRIANÇAS ESTÃO NA FILA?

| 5 | 9 | 4 | 8 | 3 |

• QUANTAS CRIANÇAS ESTÃO DE BONÉ?

| 2 | 3 | 1 | 4 | 8 |

B. MARQUE COM UM **X** O PERÍODO EM QUE ESSA CENA ACONTECE.

☐ DIA   ☐ NOITE

TREZE 13

CAPÍTULO 1

NÚMEROS ATÉ 10

OS NÚMEROS SÃO USADOS EM MUITAS SITUAÇÕES DO DIA A DIA. ELES PODEM INCLUSIVE FAZER PARTE DOS JOGOS E DAS BRINCADEIRAS.

PARA COMEÇO DE CONVERSA

1. DE QUE AS CRIANÇAS ESTÃO BRINCANDO?

2. VOCÊ SABE COMO FUNCIONA ESSA BRINCADEIRA?

3. VOCÊ CONHECE OS NÚMEROS QUE SÃO USADOS NESSA BRINCADEIRA?

4. PARA QUE SERVEM OS NÚMEROS NESSA BRINCADEIRA?

5. EM SUA OPINIÃO, COMO DEVEMOS NOS COMPORTAR QUANDO PARTICIPAMOS DE BRINCADEIRAS COM OUTRAS PESSOAS?

Ilustração: João Salomão/ID/BR.
Fotografia: Africa Studio/Shutterstock.com/ID/BR

SABER SER

NÚMEROS NO DIA A DIA

1. LUÍS FOI COM O AVÔ DELE A UMA PRAÇA. OBSERVE.

A. CONTORNE NA CENA AS PARTES EM QUE APARECEM NÚMEROS.

B. MARQUE COM UM **X** AS INFORMAÇÕES QUE PODEM SER ENCONTRADAS NA CENA.

☐ O PREÇO DE 2 SUCOS.

☐ A QUANTIDADE DE PESSOAS QUE ESTÃO DENTRO DO ÔNIBUS.

☐ O HORÁRIO QUE APARECE NO RELÓGIO.

C. OBSERVANDO OS NÚMEROS QUE APARECEM NESSA CENA, QUE OUTRAS INFORMAÇÕES PODEMOS ENCONTRAR?

2 COM UM COLEGA, PROCURE EM JORNAIS E REVISTAS IMAGENS EM QUE APAREÇAM NÚMEROS. RECORTEM E COLEM ESSAS IMAGENS NO ESPAÇO ABAIXO.

- PARA QUE ESSES NÚMEROS FORAM USADOS? CONVERSEM COM OS COLEGAS E O PROFESSOR SOBRE OS NÚMEROS QUE VOCÊS ENCONTRARAM.

COMPARANDO QUANTIDADES

1 AS CRIANÇAS VÃO DAR UMA VOLTA DE BICICLETA. LIGUE CADA CRIANÇA A UMA BICICLETA.

A. ALGUMA CRIANÇA FICOU SEM BICICLETA?

B. SOBROU ALGUMA BICICLETA QUE NENHUMA CRIANÇA VAI USAR?

C. MARQUE COM UM **X** A AFIRMAÇÃO CORRETA.

☐ HÁ MAIS CRIANÇAS QUE BICICLETAS.

☐ A QUANTIDADE DE BICICLETAS E A QUANTIDADE DE CRIANÇAS SÃO IGUAIS.

☐ HÁ MAIS BICICLETAS QUE CRIANÇAS.

D. VOCÊ JÁ ANDOU DE BICICLETA? SE ANDOU, USOU OS EQUIPAMENTOS DE SEGURANÇA?

2 OBSERVE AS CRIANÇAS BRINCANDO NO PARQUINHO.

A. PINTE UM QUADRINHO PARA CADA BRINQUEDO DA CENA ACIMA.

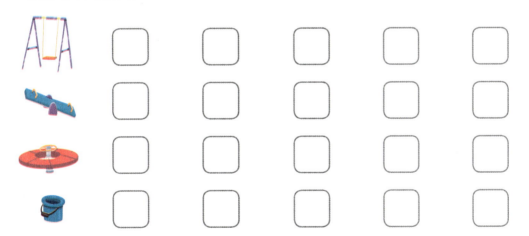

B. NA CENA, HÁ MAIS BRINQUEDOS DE QUE TIPO? CONTORNE A RESPOSTA CORRETA.

C. CONTORNE OS BRINQUEDOS QUE HÁ EM QUANTIDADES IGUAIS NA CENA.

REPRESENTANDO QUANTIDADES

1 OBSERVE O DESENHO A SEGUIR.

VEJA COMO CAROL E MARCELO REPRESENTARAM A QUANTIDADE DE COELHOS DESENHADOS.

A. REPRESENTE COMO PREFERIR A QUANTIDADE DE CARROS DESENHADOS ABAIXO.

B. AGORA, COMPARE A SUA REPRESENTAÇÃO COM AS REPRESENTAÇÕES DOS COLEGAS. ELAS SÃO IGUAIS? CONVERSE COM OS COLEGAS E O PROFESSOR SOBRE ISSO.

2 LIGUE CADA GRUPO DE MATERIAL ESCOLAR À REPRESENTAÇÃO DA QUANTIDADE CORRESPONDENTE.

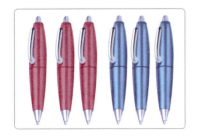  

 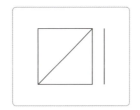 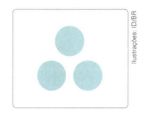

- REPRESENTE DE OUTRO MODO CADA GRUPO DE MATERIAL.

CANETAS	APONTADORES	BORRACHAS

3 LIGUE CADA PEÇA DE DOMINÓ À REPRESENTAÇÃO DA QUANTIDADE DE PONTOS CORRESPONDENTE.

  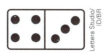

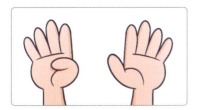 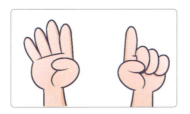 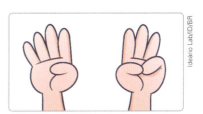

VINTE E UM 21

OS NÚMEROS 1, 2 E 3

1 OBSERVE A QUANTIDADE DE LIVROS EM CADA CASO E FALE EM VOZ ALTA QUANTOS LIVROS HÁ EM CADA PRATELEIRA.

DEPOIS, CONTINUE REGISTRANDO A QUANTIDADE DE LIVROS EM CADA PRATELEIRA, SEGUINDO O MOVIMENTO INDICADO PELAS SETAS NO NÚMERO PONTILHADO.

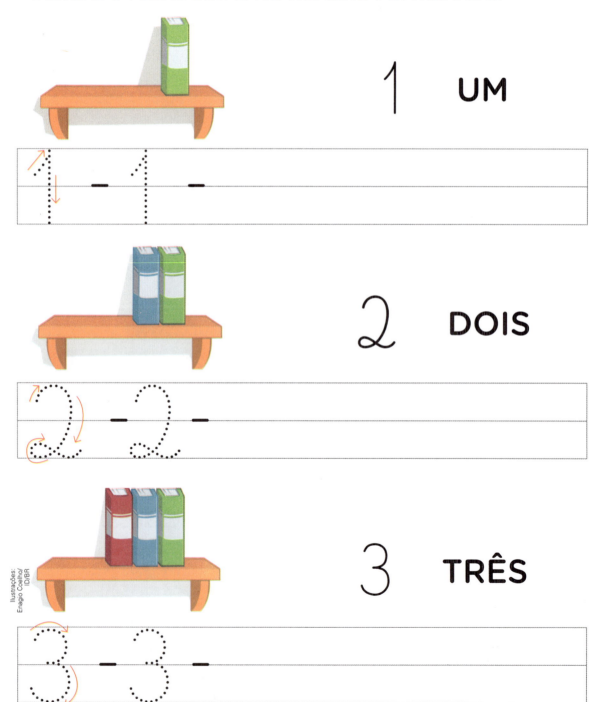

2 DESENHE OS DOIS BRINQUEDOS DE QUE VOCÊ MAIS GOSTA.

3 FAÇA COMO NO EXEMPLO E ESCREVA QUANTOS BRINQUEDOS DE CADA TIPO HÁ NO BAÚ.

⚽ [3] OU _TRÊS_   🪶 [ ] OU _____

🚗 [ ] OU _____   🧸 [ ] OU _____

4 CAROL GOSTA DE DESENHAR BALÕES. ELA QUER DESENHAR TRÊS BALÕES. COMPLETE O DESENHO DE CAROL.

OS NÚMEROS 4 E 5

1 OBSERVE AS IMAGENS E FALE EM VOZ ALTA QUANTOS LIVROS HÁ EM CADA PRATELEIRA.

DEPOIS, CONTINUE REGISTRANDO A QUANTIDADE DE LIVROS EM CADA PRATELEIRA.

4 QUATRO

5 CINCO

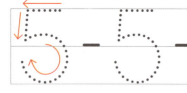

2 FAÇA UM **X** NA CAIXA COM **CINCO** TESOURAS E CONTORNE A CAIXA COM **QUATRO** TESOURAS.

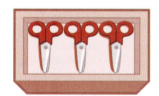 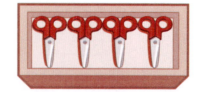 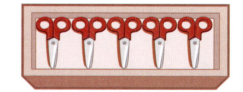

24 VINTE E QUATRO

OBSERVE OS BRINQUEDOS ABAIXO.

A. PINTE UM QUADRINHO PARA CADA BRINQUEDO CONFORME O TIPO. DEPOIS, ESCREVA AO LADO A QUANTIDADE DE BRINQUEDOS DE CADA TIPO.

B. HÁ MAIS BRINQUEDOS DE QUE TIPO? MARQUE COM UM **X** A RESPOSTA CORRETA.

C. HÁ MENOS BRINQUEDOS DE QUE TIPO? MARQUE COM UM **X** A RESPOSTA CORRETA.

VINTE E CINCO

OS NÚMEROS 6 E 7

1 OBSERVE AO LADO AS CRIANÇAS BRINCANDO NO PARQUE.

A. QUANTAS CRIANÇAS ESTÃO BRINCANDO DE RODA?

B. PEDRO CHEGOU PARA BRINCAR. FALE EM VOZ ALTA QUANTAS CRIANÇAS ESTÃO BRINCANDO DE RODA E CONTINUE REGISTRANDO A QUANTIDADE DE CRIANÇAS.

6   **SEIS**

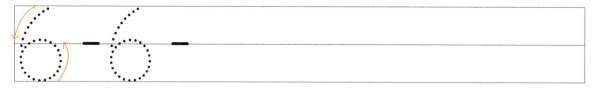

C. RAFAELA TAMBÉM ENTROU NA RODA. FALE EM VOZ ALTA QUANTAS CRIANÇAS ESTÃO BRINCANDO DE RODA E CONTINUE REGISTRANDO A QUANTIDADE DE CRIANÇAS.

7   **SETE**

2 MARTA ESTÁ EMPILHANDO CAIXINHAS. OBSERVE AS PILHAS QUE ELA FEZ E ESCREVA QUANTAS CAIXINHAS HÁ EM CADA PILHA.

3 AS MENINAS ESTÃO BRINCANDO DE BOLICHE. QUANTOS PINOS CADA UMA DERRUBOU? ANOTE NOS QUADRINHOS E, DEPOIS, REGISTRE POR EXTENSO.

- VOCÊ CONHECE O JOGO DE BOLICHE? QUAL DAS MENINAS GANHOU ESSA RODADA?

OS NÚMEROS 8 E 9

1 CHEGARAM MAIS CRIANÇAS PARA BRINCAR DE RODA. FALE EM VOZ ALTA QUANTAS CRIANÇAS ESTÃO BRINCANDO DE RODA EM CADA CENA.

DEPOIS, CONTINUE REGISTRANDO A QUANTIDADE DE CRIANÇAS.

8   OITO

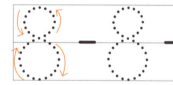

9   NOVE

2 REGISTRE NOS QUADRINHOS QUANTOS BRINQUEDOS ESTÃO DESENHADOS EM CADA CARTA.

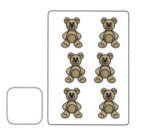 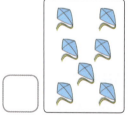 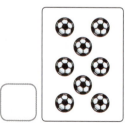 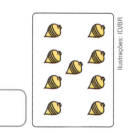

3 DESENHE AS BOLAS QUE FALTAM PARA COMPLETAR NOVE BOLAS EM CADA CAIXA. USE AS CORES QUE QUISER.

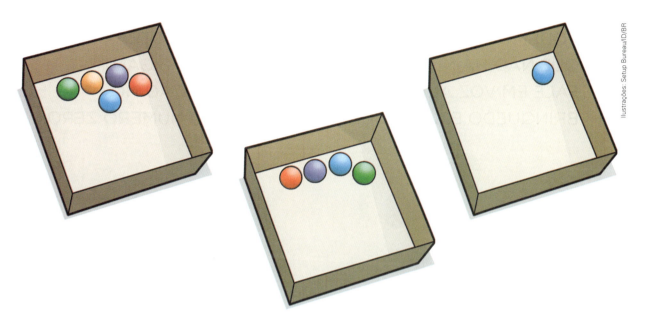

4 VOCÊ JÁ JOGOU DOMINÓ? NESSE JOGO, CADA PEÇA TEM UMA QUANTIDADE DE PONTOS DIVIDIDA EM DUAS PARTES. VEJA A COMBINAÇÃO DE ALGUMAS PEÇAS NO JOGO DE DOMINÓ.

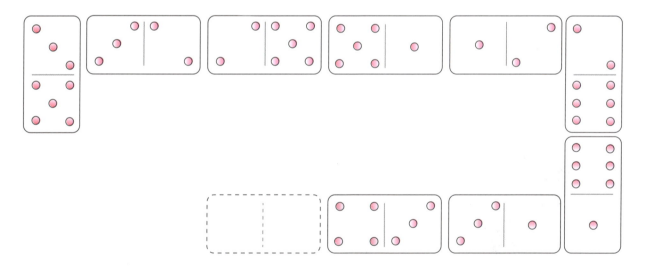

A. CONTORNE AS PEÇAS QUE TÊM 8 PONTOS AO TODO.

B. AGORA, USE A PEÇA TRACEJADA PARA DESENHAR OS PONTOS DA PRÓXIMA PEÇA DO JOGO.

C. A PEÇA QUE VOCÊ DESENHOU É IGUAL À PEÇA QUE OS COLEGAS DESENHARAM?

O NÚMERO ZERO

1 O PARQUE DE DIVERSÕES AINDA NÃO ABRIU. PODEMOS USAR O NÚMERO **ZERO** PARA REGISTRAR QUE NÃO HÁ NENHUMA CRIANÇA NA RODA-GIGANTE. FALE EM VOZ ALTA QUANTAS CRIANÇAS ESTÃO NO BRINQUEDO E CONTINUE REGISTRANDO O NÚMERO ZERO.

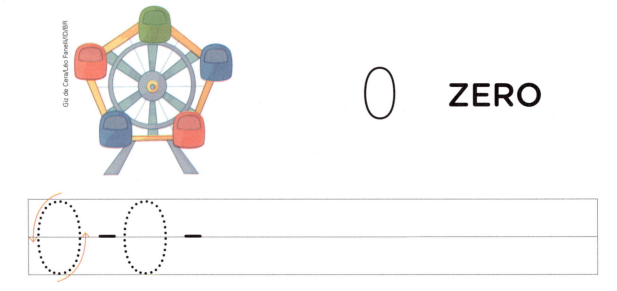

0   **ZERO**

2 OBSERVE A CENA E ESCREVA QUANTOS OBJETOS DE CADA TIPO HÁ.

- VOCÊ COSTUMA GUARDAR OS MATERIAIS E RECOLHER O LIXO DEPOIS DE FAZER ATIVIDADES DE RECORTAR E COLAR?

3 A TURMA DO PRIMEIRO ANO FOI ORGANIZADA EM EQUIPES PARA UM JOGO.

NESSE JOGO, VENCE A EQUIPE QUE CHEGAR À SAÍDA PASSANDO PELOS NÚMEROS DE 0 A 9 NA SEGUINTE SEQUÊNCIA: 0, 1, 2, 3, 4, 5, 6, 7, 8 E 9, SEM REPETIR NENHUM NÚMERO.

MARQUE O CAMINHO COM A SEQUÊNCIA CORRETA E DESCUBRA QUAL DAS EQUIPES VAI VENCER.

O NÚMERO 10

1 LEIA EM VOZ ALTA A PARLENDA QUE AS CRIANÇAS RECITARAM NA BRINCADEIRA DE RODA.

A GALINHA DO VIZINHO

BOTA OVO AMARELINHO.

BOTA UM,

BOTA DOIS,

BOTA TRÊS,

BOTA QUATRO,

BOTA CINCO,

BOTA SEIS,

BOTA SETE,

BOTA OITO,

BOTA NOVE,

BOTA DEZ!

DOMÍNIO PÚBLICO.

A. LEIA NOVAMENTE A PARLENDA E LIGUE CADA NÚMERO AO DESENHO CORRESPONDENTE.

B. VOCÊ CONHECE OUTRA PARLENDA QUE TENHA NÚMEROS? CONTE AOS COLEGAS E AO PROFESSOR.

2 AGORA, HÁ **DEZ** CRIANÇAS NA RODA-GIGANTE. FALE EM VOZ ALTA QUANTAS CRIANÇAS ESTÃO NO BRINQUEDO E CONTINUE REGISTRANDO A QUANTIDADE DE CRIANÇAS.

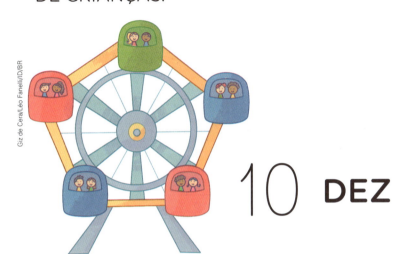

PARA EXPLORAR

UM, DOIS, TRÊS, AGORA É SUA VEZ!, DE ANA MARIA MACHADO. EDITORA MODERNA.

NESSE LIVRO, COM TEXTO EM FORMA DE POESIA, VOCÊ VAI APRENDER A CONTAR RIMANDO.

3 LIGUE UM QUADRO **VERMELHO** A UM QUADRO **VERDE** PARA FICAR COM 10 DEDOS LEVANTADOS NO TOTAL.

TRINTA E TRÊS

PROBABILIDADE E ESTATÍSTICA

LEITURA E INTERPRETAÇÃO DE TABELAS

1. A PROFESSORA DO PRIMEIRO ANO FEZ UMA PESQUISA PARA SABER QUAIS ANIMAIS DE ESTIMAÇÃO OS ALUNOS TÊM EM SUAS MORADIAS. OBSERVE AS INFORMAÇÕES NA TABELA ABAIXO.

ANIMAIS DE ESTIMAÇÃO	
ANIMAL	QUANTIDADE DE ALUNOS
PASSARINHO	3
GATO	5
CACHORRO	9
HAMSTER	1
PEIXE	2

DADOS OBTIDOS PELA PROFESSORA.

A. QUAIS SÃO OS ANIMAIS DE ESTIMAÇÃO QUE OS ALUNOS DESSA TURMA TÊM?

_____

_____

B. MARQUE COM UM **X** A QUANTIDADE DE ALUNOS QUE TÊM GATO.

☐ 3   ☐ 5   ☐ 9   ☐ 1   ☐ 2

C. MARQUE COM UM **X** O ANIMAL QUE MAIS ALUNOS DESSA TURMA TÊM.

☐ PASSARINHO   ☐ *HAMSTER*

☐ GATO   ☐ PEIXE

☐ CACHORRO

D. QUANTOS ALUNOS TÊM PEIXE COMO ANIMAL DE ESTIMAÇÃO? _____

E. QUAL É O ANIMAL DE ESTIMAÇÃO QUE SÓ UM ALUNO TEM?
_____

2 A MÃE DE RODRIGO ESTÁ ORGANIZANDO O MATERIAL ESCOLAR DELE. PARA ISSO, ELA REGISTROU EM UMA TABELA A QUANTIDADE DE CADA MATERIAL QUE ELE TEM.

MATERIAL ESCOLAR DE RODRIGO	
MATERIAL ESCOLAR	QUANTIDADE DE MATERIAL
CADERNO	3
CANETA	2
LÁPIS GRAFITE	1
LÁPIS DE COR	9
TESOURA	1
TUBO DE COLA	1
BORRACHA	1

DADOS OBTIDOS PELA MÃE DE RODRIGO.

A. CONTORNE O TIPO DE MATERIAL ESCOLAR QUE RODRIGO TEM NA MESMA QUANTIDADE.

CADERNO   LÁPIS GRAFITE   CANETA   BORRACHA

LÁPIS DE COR   TESOURA   TUBO DE COLA

B. COMPLETE A FRASE ABAIXO DE ACORDO COM A TABELA.

RODRIGO TEM _____ CADERNOS, _____ CANETAS, _____ LÁPIS GRAFITE, _____ LÁPIS DE COR, _____ TESOURA, _____ TUBO DE COLA E _____ BORRACHA.

APRENDER SEMPRE

1 OBSERVE AS IMAGENS ABAIXO. ENCONTRE E MARQUE 5 DIFERENÇAS ENTRE ELAS.

- EM LUGARES PÚBLICOS COMO PRAIAS, O QUE AS PESSOAS PODEM FAZER PARA GARANTIR UM CONVÍVIO AGRADÁVEL?

PARA EXPLORAR

QUANTIDADES

NO JOGO QUANTIDADES, VOCÊ VAI ABRIR DUAS PEÇAS DE CADA VEZ E VERIFICAR SE ELAS COMBINAM.

DISPONÍVEL EM: https://wordwall.net/pt/resource/13281924/quantidades.
ACESSO EM: 13 ABR. 2021.

2 LIGUE AS CAIXAS QUE TÊM A MESMA QUANTIDADE DE OBJETOS.

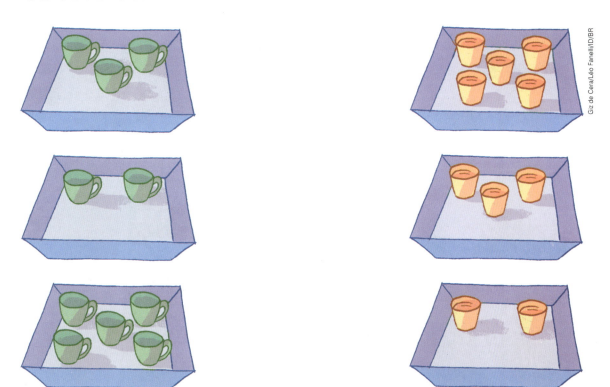

3 PINTE AS CASAS SEGUINDO A SEQUÊNCIA DE CORES.

A. ESCREVA OS NÚMEROS DAS CASAS DE CADA COR.

🟥: _____, _____, _____, _____, _____

🟦: _____, _____, _____, _____, _____

B. AGORA, ESCREVA A SEQUÊNCIA DE 10 A 1.

10, _____, _____, _____, _____, _____, _____, _____, _____, _____

TRINTA E SETE

CAPÍTULO 2

ALGUMAS NOÇÕES DE MATEMÁTICA

Natália foi ao clube com a família pela primeira vez. Gustavo, o irmão dela, está muito animado para aproveitar o dia de sol e brincar na piscina.

PARA COMEÇO DE CONVERSA

1. Quantas pessoas aparecem na cena?

2. Como você descreveria a alguém o lugar em que a bola está?

3. Natália está com um pouco de medo de descer o tobogã, pois é a primeira vez que ela vai fazer isso. Você já passou por uma situação em que sentiu medo de fazer algo novo? Se sim, como você agiu?

SABER SER

EM CIMA OU EMBAIXO?

1 A FAMÍLIA DE MARIANA FOI À PRAIA PARA APROVEITAR O VERÃO. VEJA COMO ELES ESTÃO SE DIVERTINDO.

A. CONTORNE O OBJETO QUE ESTÁ **EM CIMA** DA CANGA.

B. MARQUE COM UM **X** O OBJETO QUE ESTÁ **EMBAIXO** DA CADEIRA.

2 OLÍVIA VAI SE MUDAR E ESTÁ ORGANIZANDO SEUS PERTENCES EM CAIXAS. PINTE DE **LARANJA** AS CAIXAS QUE ESTÃO EM CIMA DA MESA E DE **VERDE** AS CAIXAS QUE ESTÃO EMBAIXO DA MESA.

NA FRENTE, ATRÁS OU ENTRE?

1 OBSERVE AS CRIANÇAS NA HORA DO RECREIO NA ESCOLA E, DEPOIS, FAÇA O QUE SE PEDE.

A. NA FILA DA CANTINA, CONTORNE A CRIANÇA QUE ESTÁ **NA FRENTE** DO MENINO QUE SEGURA UMA BOLA.

B. MARQUE COM UM **X** A CRIANÇA QUE ESTÁ **ATRÁS** DO MENINO QUE ESTÁ COM A BOLA NA FILA DA CANTINA.

C. PINTE A LIXEIRA QUE ESTÁ **ENTRE** DUAS CRIANÇAS.

D. QUANTAS PESSOAS VOCÊ VÊ NA CENA?

E. QUE ATITUDES SÃO IMPORTANTES PARA CONVIVER BEM, EM UM MESMO AMBIENTE, COM OUTRAS PESSOAS? CONVERSE COM OS COLEGAS E O PROFESSOR SOBRE ISSO.

DENTRO OU FORA?

1 OBSERVE AS CRIANÇAS ENSAIANDO PARA UMA APRESENTAÇÃO NA ESCOLA.

A. QUANTAS CRIANÇAS VOCÊ VÊ NA CENA? _____

B. MARQUE COM UM **X** A CRIANÇA QUE ESTÁ **DENTRO** DA RODA.

C. CONTORNE A CRIANÇA QUE ESTÁ **FORA** DA RODA.

2 PINTE AS BOLAS DE ACORDO COM A LEGENDA.

▨ BOLAS DENTRO DA CAIXA.

▨ BOLAS FORA DA CAIXA.

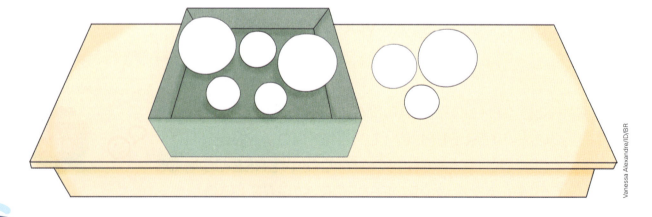

3 DESENHE O QUE SE PEDE EM CADA CASO.

A. UM CACHORRO FORA DA CASINHA.

B. TRÊS PEIXES DENTRO DO AQUÁRIO.

4 OBSERVE A CENA E COMPLETE A FRASE COM NÚMEROS.

HÁ _____ TARTARUGAS DENTRO DO LAGO E _____ TARTARUGAS FORA DO LAGO.

LONGE OU PERTO?

1 CONTORNE A CRIANÇA QUE ESTÁ MAIS **LONGE** DA REDE.

2 MARQUE COM UM **X** A CRIANÇA QUE ESTÁ MAIS **LONGE** DO PROFESSOR.

3 MARQUE COM UM **X** O ANIMAL QUE ESTÁ MAIS **PERTO** DO MENINO.

4 DESENHE UMA BOLA EM CIMA DA RAQUETE QUE ESTÁ MAIS **PERTO** DO MENINO.

5 OBSERVE AS CRIANÇAS NA BIBLIOTECA DA ESCOLA.

A. CONTORNE A CRIANÇA QUE ESTÁ MAIS **LONGE** DA ESTANTE DE LIVROS.

B. PINTE DE **VERDE** A CAMISETA DA CRIANÇA QUE ESTÁ MAIS **PERTO** DA ESTANTE DE LIVROS.

C. MARQUE COM UM **X** A CRIANÇA QUE ESTÁ MAIS **PERTO** DO QUADRO DE AVISOS.

DIREITA OU ESQUERDA?

1 A PROFESSORA DO PRIMEIRO ANO QUER SABER QUAL É O ESPORTE PREFERIDO DOS ALUNOS.

A. QUANTOS ALUNOS LEVANTARAM A MÃO DIREITA?

_____

B. QUANTOS ALUNOS LEVANTARAM A MÃO ESQUERDA?

_____

C. HÁ MAIS ALUNOS QUE PREFEREM FUTEBOL OU QUE PREFEREM VÔLEI? MARQUE A RESPOSTA COM UM **X**.

☐ FUTEBOL.   ☐ VÔLEI.

2 OBSERVE AS DUAS MENINAS RECORTANDO UMA FOLHA DE PAPEL. ANA SEGURA A TESOURA COM A MÃO DIREITA. PAULA SEGURA A TESOURA COM A MÃO ESQUERDA.

• DESCUBRA QUEM É ANA E QUEM É PAULA. DEPOIS, ESCREVA **A** PARA ANA E **P** PARA PAULA.

3 FAÇA UM **X** NO QUADRINHO DAS CRIANÇAS QUE ESTÃO SEGURANDO O CATA-VENTO COM A MÃO ESQUERDA.

4 CARLOS VAI GUARDAR NA MOCHILA TODOS OS OBJETOS QUE ESTÃO À DIREITA DELE. PINTE ESSES OBJETOS.

MESMO SENTIDO OU SENTIDO CONTRÁRIO?

1 RENATO ESTÁ INDO DE CARRO PARA O TRABALHO. ELE TEM UM CARRO VERMELHO.

A. QUANTOS CARROS ESTÃO NA CENA ACIMA?

_____

B. MARQUE COM UM **X** OS CARROS QUE ESTÃO NO MESMO SENTIDO DO CARRO DE RENATO.

C. CONTORNE OS CARROS QUE ESTÃO NO SENTIDO CONTRÁRIO AO DO CARRO DE RENATO.

D. AGORA, REGISTRE COMO PREFERIR QUANTOS CARROS ESTÃO NO:

- MESMO SENTIDO DO CARRO DE RENATO.

- SENTIDO CONTRÁRIO AO DO CARRO DE RENATO.

2 VEJA ADRIANA PASSEANDO COM O CACHORRO DELA.

A. MARQUE COM UM **X** AS PESSOAS QUE ESTÃO NO SENTIDO CONTRÁRIO AO DE ADRIANA.

B. PINTE AS CAMISETAS DAS PESSOAS QUE ESTÃO NO MESMO SENTIDO DE ADRIANA.

3 OBSERVE A CENA E, DEPOIS, RESPONDA ÀS QUESTÕES.

A. QUANTAS CRIANÇAS HÁ NESSA CENA? _____

B. E QUANTOS ADULTOS? _____

C. TALITA ESTÁ ACOMPANHANDO OS FILHOS ATÉ O PORTÃO DA ESCOLA. QUANTAS CRIANÇAS ESTÃO NO SENTIDO CONTRÁRIO AO DELES? _____

MAIOR OU MENOR?

1 MARQUE COM UM **X** A BOLA **MAIOR**.

2 CONTORNE A PETECA **MENOR**.

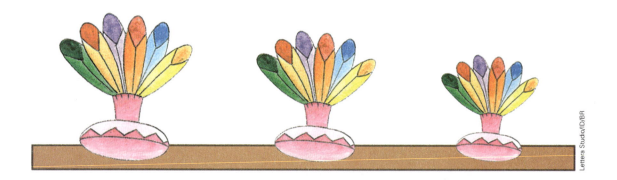

3 MARA TRABALHA EM UMA PAPELARIA. OBSERVE AS CAIXAS DE PRESENTE QUE ELA TEM DISPONÍVEIS.

A. PINTE DE ROSA A CAIXA MAIOR.

B. PINTE DE VERDE A CAIXA MENOR.

4 DESENHE UMA BORBOLETA MAIOR QUE ESTA.

5 DESTAQUE AS FIGURAS DA PÁGINA 215 E COLE-AS PARA COMPLETAR CADA UMA DAS SEQUÊNCIAS A SEGUIR. EM CADA SEQUÊNCIA VOCÊ DEVE COLAR FIGURAS COM A MESMA COR, DA **MENOR** PARA A **MAIOR**, COMO NO EXEMPLO.

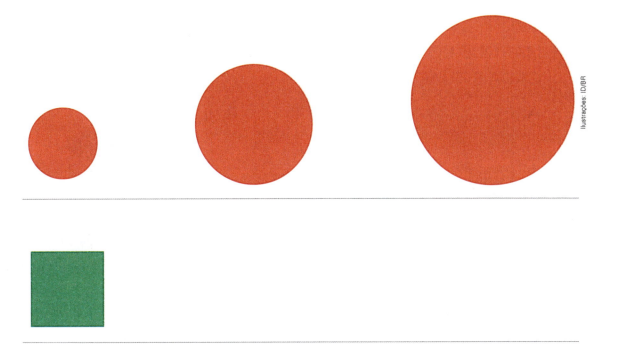

ANTES OU DEPOIS?

1 OBSERVE A ESTANTE DA BRINQUEDOTECA **ANTES** E **DEPOIS** DE OS ALUNOS DO PRIMEIRO ANO PEGAREM ALGUNS BRINQUEDOS.

A. CONTORNE O DESENHO QUE MOSTRA COMO A ESTANTE FICOU DEPOIS QUE OS ALUNOS PEGARAM OS BRINQUEDOS.

B. MARQUE COM UM **X** OS BRINQUEDOS QUE OS ALUNOS PEGARAM PARA BRINCAR.

2 MARQUE COM UM **X** O QUE ACONTECEU **ANTES** EM CADA SITUAÇÃO.

A.

B.

3 DESTAQUE AS CENAS DA PÁGINA 215 E, DEPOIS, COLE-AS NOS ESPAÇOS CORRETOS.

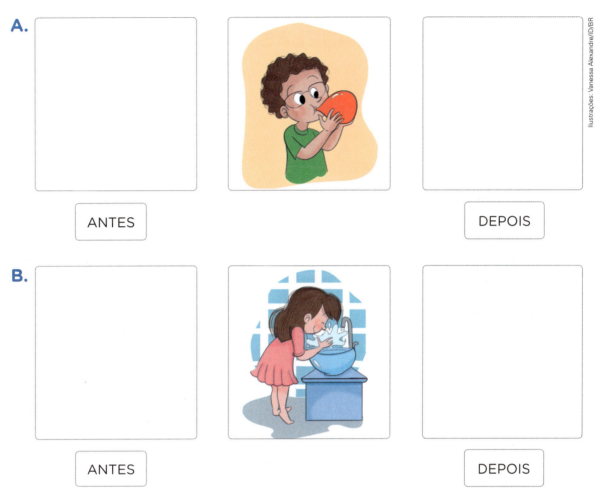

A.

ANTES   DEPOIS

B.

ANTES   DEPOIS

4 DESENHE NO ESPAÇO ABAIXO O QUE VOCÊ FAZ ANTES DE IR À ESCOLA.

PROBABILIDADE E ESTATÍSTICA

CONSTRUÇÃO DE TABELAS

1 O PROFESSOR DO PRIMEIRO ANO PERGUNTOU QUAL FRUTA CADA ALUNO PREFERE. ELE ESCREVEU NA LOUSA O NOME DE CADA FRUTA E REGISTROU UM TRACINHO PARA CADA RESPOSTA. CADA ALUNO ESCOLHEU APENAS UMA FRUTA.

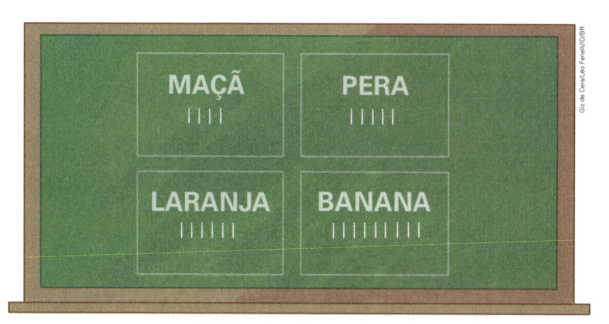

O PROFESSOR, ENTÃO, FEZ UMA TABELA PARA REGISTRAR O RESULTADO DESSA PESQUISA.

FRUTAS PREFERIDAS DOS ALUNOS	
FRUTAS	QUANTIDADE DE ALUNOS
MAÇÃ	
PERA	
LARANJA	
BANANA	

DADOS OBTIDOS PELO PROFESSOR.

- CONTE OS TRACINHOS E COMPLETE A TABELA COM A QUANTIDADE DE ALUNOS QUE PREFEREM CADA FRUTA.

2 É DIA DE LEVAR BRINQUEDOS PARA A ESCOLA! OBSERVE OS BRINQUEDOS QUE OS ALUNOS DO PRIMEIRO ANO LEVARAM.

A. COMPLETE A TABELA COM A QUANTIDADE DE CADA BRINQUEDO QUE OS ALUNOS DO PRIMEIRO ANO LEVARAM.

BRINQUEDOS LEVADOS PARA A ESCOLA	
TIPO DE BRINQUEDO	QUANTIDADE LEVADA
BONECA	
CARRINHO	
DINOSSAURO	
FOGUETE	

DADOS OBTIDOS PELOS PROFESSORES.

B. ESSA TABELA PODE SER ORGANIZADA DE OUTRA MANEIRA. VEJA A SEGUIR E COMPLETE-A COM AS MESMAS INFORMAÇÕES QUE VOCÊ USOU NO ITEM **A**.

BRINQUEDOS LEVADOS PARA A ESCOLA				
TIPO DE BRINQUEDO	BONECA	CARRINHO	DINOSSAURO	FOGUETE
QUANTIDADE LEVADA				

DADOS OBTIDOS PELOS PROFESSORES.

VAMOS LER IMAGENS!

PINTURAS

AO OLHARMOS UMA IMAGEM PELA PRIMEIRA VEZ, PODEMOS FAZER UMA IDEIA DO QUE ELA REPRESENTA.

NA OBRA REPRODUZIDA ABAIXO, POR EXEMPLO, É POSSÍVEL VER QUE DUAS MENINAS ESTÃO BRINCANDO COM UM JOGO DE TABULEIRO.

▲ SIR JOHN LAVERY. *OS JOGADORES DE XADREZ*, 1929. ÓLEO SOBRE TELA, 123,2 CM × 192,2 CM.

HÁ MUITO MAIS DETALHES QUE PODEMOS OBSERVAR AO OLHARMOS UMA IMAGEM ATENTAMENTE.

O CENÁRIO AO FUNDO MOSTRA QUE AS MENINAS ESTÃO DENTRO DE UMA CASA. PODEMOS SABER QUE AINDA É DIA, POIS VEMOS A LUZ DO SOL EM UMA PARTE DO CHÃO.

ALÉM DA IMAGEM, TAMBÉM PODEMOS SABER MAIS SOBRE A OBRA SE PRESTARMOS ATENÇÃO NO TÍTULO QUE O ARTISTA ESCOLHEU. NESSE CASO, DESCOBRIMOS QUE O JOGO DE TABULEIRO COM QUE AS MENINAS ESTÃO BRINCANDO É UM JOGO DE XADREZ.

AGORA É A SUA VEZ!

1. OBSERVE ATENTAMENTE A PINTURA REPRODUZIDA ABAIXO E, DEPOIS, RESPONDA ÀS QUESTÕES.

▲ CANDIDO PORTINARI. *PULANDO CARNIÇA*, 1959.
ÓLEO SOBRE TELA, 54 CM × 65 CM.

A. OBSERVANDO O CÉU, VOCÊ ACHA QUE ESSA CENA SE PASSA DE DIA OU DE NOITE?

B. VOCÊ SABE O QUE OS MENINOS DA CENA ESTÃO FAZENDO? SE SIM, COMO DESCOBRIU?

C. NESSA CENA, DOIS MENINOS BRINCAM. QUEM ESTÁ EM CIMA E QUEM ESTÁ EMBAIXO?

D. O QUE ESTÁ MAIS PERTO DAS MONTANHAS AO FUNDO DA CENA: AS CASAS OU AS CRIANÇAS?

E. VOCÊ ACHA QUE AS CRIANÇAS ESTÃO SE DIVERTINDO? POR QUÊ?

APRENDER SEMPRE

1 OBSERVE A CENA E DESENHE O QUE SE PEDE.

A. UMA BOLA EMBAIXO DA CAMA.

B. UM CARRINHO EM CIMA DO TAPETE.

2 VEJA ALGUNS ANIMAIS DA FAZENDA DE TIAGO.

A. PINTE A VACA QUE ESTÁ DENTRO DO CERCADO.

B. CONTORNE O CACHORRO QUE ESTÁ EMBAIXO DO GALINHEIRO.

C. MARQUE COM UM **X** A GALINHA QUE ESTÁ FORA DO GALINHEIRO.

3 OBSERVE LUCAS BRINCANDO COM SEU PIÃO.

- COM QUAL MÃO LUCAS JOGA O PIÃO?

  ☐ COM A MÃO DIREITA.   ☐ COM A MÃO ESQUERDA.

4 CAIO VAI PARA A ESCOLA DE ÔNIBUS ESCOLAR. VEJA.

A. CONTORNE DE **VERDE** O CARRO QUE ESTÁ NO MESMO SENTIDO DO ÔNIBUS ESCOLAR E DE **LARANJA** A MOTO QUE ESTÁ ENTRE O CARRO E O ÔNIBUS ESCOLAR.

B. PARA ATRAVESSAR UMA RUA OU DIRIGIR UM VEÍCULO, PRECISAMOS SEGUIR AS REGRAS DE TRÂNSITO. EM SUA OPINIÃO, POR QUE ISSO É NECESSÁRIO?

PARA EXPLORAR

TÔ DENTRO, TÔ FORA..., DE ALCY. EDITORA FORMATO EDITORIAL.

COM ILUSTRAÇÕES CRIATIVAS E DE MANEIRA DIVERTIDA, ESSE LIVRO VAI COLOCAR VOCÊ EM CONTATO COM AS NOÇÕES DE POSIÇÃO E DE LOCALIZAÇÃO.

CAPÍTULO 3

ADIÇÃO E SUBTRAÇÃO

A FESTA DE ANIVERSÁRIO DE MARCOS ESTÁ CHEGANDO AO FIM. DEPOIS DE MUITA DIVERSÃO, O PAI DELE ESTÁ DANDO ALGUNS BALÕES À LAURA, QUE JÁ ESTÁ INDO EMBORA.

PARA COMEÇO DE CONVERSA

1. QUANTOS BALÕES LAURA ESTÁ SEGURANDO?

2. APÓS RECEBER OS BALÕES DO PAI DE MARCOS, COM QUANTOS BALÕES LAURA VAI FICAR?

3. QUANTOS BALÕES O PAI DE MARCOS ESTÁ SEGURANDO?

4. DEPOIS DE DAR OS BALÕES À LAURA, COM QUANTOS BALÕES ELE VAI FICAR?

5. O BALÃO DE UMA DAS CRIANÇAS ESTOUROU. COMO VOCÊ ACHA QUE ELA ESTÁ SE SENTINDO?

SABER SER

ADIÇÃO

1 CONTE E REGISTRE AS QUANTIDADES.

A.

_____ CACHORROS. _____ CACHORROS. NO TOTAL, SÃO _____ CACHORROS.

B.

_____ COELHOS. _____ COELHOS. NO TOTAL, SÃO _____ COELHOS.

2 MÁRCIO E JAQUELINE VÃO BRINCAR JUNTOS. CADA UM LEVOU OS BONECOS QUE TINHA PARA BRINCAR.

BONECOS DE MÁRCIO	BONECOS DE JAQUELINE

- COMPLETE OS ESPAÇOS PARA DESCOBRIR QUANTOS BONECOS MÁRCIO E JAQUELINE TÊM JUNTOS.

_____ MAIS _____ É IGUAL A _____.

BONECOS DE MÁRCIO   BONECOS DE JAQUELINE   BONECOS PARA BRINCAR

3 OBSERVE OS CARRINHOS QUE MIGUEL TEM E, DEPOIS, COMPLETE OS ESPAÇOS.

_____ MAIS _____ É IGUAL A _____.
CARRINHOS VERMELHOS — CARRINHOS VERDES — TOTAL DE CARRINHOS

4 ALGUNS PASSARINHOS ESTAVAM DESCANSANDO EM UM GALHO. DEPOIS, CHEGARAM MAIS PASSARINHOS. OBSERVE A CENA E COMPLETE A FRASE.

_____ MAIS _____ É IGUAL A _____.
PASSARINHOS NO GALHO — PASSARINHOS QUE CHEGARAM — TOTAL DE PASSARINHOS

PARA EXPLORAR

UM AMOR DE CONFUSÃO, DE DULCE RANGEL. EDITORA MODERNA.

NESSE LIVRO, VOCÊ VAI ACOMPANHAR OS PASSEIOS DA DONA GALINHA. ELA BOTOU UM OVO, MAS DURANTE SEU PASSEIO ENCONTROU MAIS DOIS. MAIS UM PASSEIO E MAIS ALGUNS OVOS. NO QUE SERÁ QUE ISSO VAI DAR? ALÉM DE USAR SEUS CONHECIMENTOS DE ADIÇÃO, ESSA HISTÓRIA TRATA DE ACOLHIMENTO E DE CONVIVÊNCIA.

5 JOÃO PLANTOU 3 FLORES. NO DIA SEGUINTE, PLANTOU MAIS 6 FLORES. QUANTAS FLORES JOÃO PLANTOU NESSES DOIS DIAS? DESENHE AS FLORES PARA REPRESENTAR ESSA SITUAÇÃO E, DEPOIS, COMPLETE A FRASE.

JOÃO PLANTOU _____ FLORES NESSES DOIS DIAS.

6 OBSERVE A ILUSTRAÇÃO ABAIXO E COMPLETE AS FRASES.

JÚLIA E FRANCISCO FORAM COLHER MAÇÃS.

JÚLIA COLHEU _____ MAÇÃS E FRANCISCO COLHEU _____ MAÇÃS.

AO TODO, JÚLIA E FRANCISCO COLHERAM _____ MAÇÃS.

REPRESENTAR E EFETUAR ADIÇÕES

1 VÁLTER COMPROU 3 PACOTES DE FIGURINHAS E GANHOU 4 PACOTES DE SEUS PAIS. OBSERVE COMO ELE REPRESENTOU ESSA SITUAÇÃO PARA CALCULAR COM QUANTOS PACOTES ELE FICOU. DEPOIS, COMPLETE A FRASE DO BALÃO.

FIQUEI COM _____ PACOTES DE FIGURINHAS.

2 RESOLVA AS SITUAÇÕES A SEGUIR.

A. OTÁVIO TINHA 5 LIVROS E GANHOU OUTROS 2 DA TIA DELE. COM QUANTOS LIVROS OTÁVIO FICOU?

OTÁVIO FICOU COM _____ LIVROS NO TOTAL.

B. FELIPE E BRUNA LEVARAM FRUTAS PARA A AVÓ. FELIPE LEVOU 3 FRUTAS E BRUNA LEVOU 6 FRUTAS. QUANTAS FRUTAS FELIPE E BRUNA LEVARAM NO TOTAL?

FELIPE E BRUNA LEVARAM _____ FRUTAS NO TOTAL.

3 VALÉRIA VAI GANHAR 4 PRESILHAS DA MÃE E 2 PRESILHAS DA IRMÃ. OBSERVE COMO ELA FEZ PARA DESCOBRIR QUANTAS PRESILHAS ELA VAI GANHAR E, DEPOIS, COMPLETE AS FRASES DO BALÃO.

- QUANTO É 4 MAIS 2? _____

4 CONTE OS BARCOS E REGISTRE AS QUANTIDADES. EM SEGUIDA, COMPLETE AS LACUNAS.

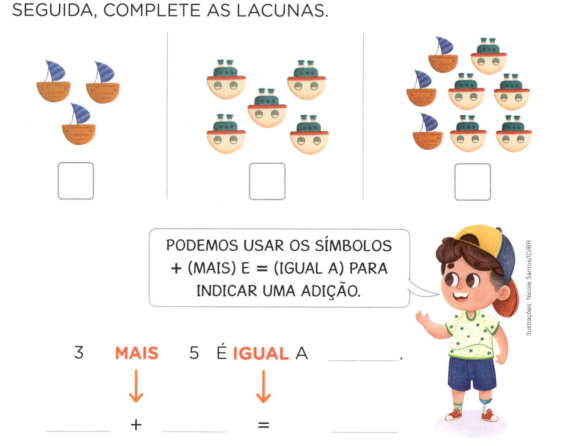

PODEMOS USAR OS SÍMBOLOS + (MAIS) E = (IGUAL A) PARA INDICAR UMA ADIÇÃO.

3 **MAIS** 5 É **IGUAL** A _____.

___ + ___ = ___

ADIÇÕES NA MALHA QUADRICULADA

1 MARCOS APRENDEU A CALCULAR ADIÇÕES FAZENDO A REPRESENTAÇÃO NA MALHA QUADRICULADA. OBSERVE A TIRA QUE ELE COLORIU E RESPONDA ÀS QUESTÕES.

A. QUANTOS QUADRADINHOS MARCOS COLORIU DE AMARELO? _____

B. QUANTOS QUADRADINHOS ELE COLORIU DE VERDE? _____

C. QUANTOS QUADRADINHOS ELE COLORIU NO TOTAL? _____

MARCOS REPRESENTOU A ADIÇÃO 1 + 3 = 4.

2 MARCOS FEZ OUTRAS REPRESENTAÇÕES DE ADIÇÕES COM RESULTADO 4. COMPLETE AS ADIÇÕES QUE ELE REPRESENTOU EM CADA LINHA.

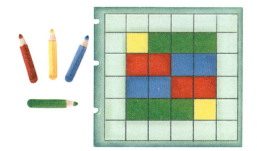

_____ + _____ = 4

_____ + _____ = 4

_____ + _____ = 4

_____ + _____ = 4

- VOCÊ FARIA ALGUMA OUTRA REPRESENTAÇÃO DE ADIÇÃO COM RESULTADO 4 QUE MARCOS NÃO FEZ? CONVERSE COM OS COLEGAS E O PROFESSOR.

3 ESCREVA AS ADIÇÕES REPRESENTADAS EM CADA LINHA DA MALHA QUADRICULADA.

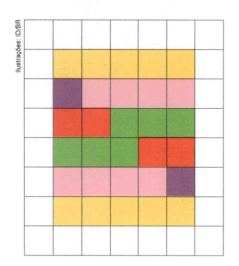

0 + 5 = ____

1 + ____ = ____

____ + 3 = ____

____ + ____ = ____

____ + ____ = ____

____ + ____ = ____

4 USE O LÁPIS DE COR AZUL E O DE COR AMARELA PARA REPRESENTAR DIFERENTES ADIÇÕES COM RESULTADO 6. DEPOIS, COMPLETE AS ADIÇÕES.

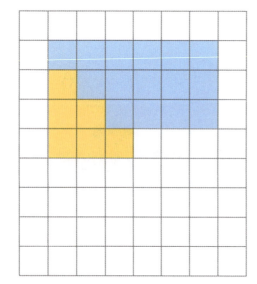

0 + 6 = 6

1 + 5 = 6

2 + 4 = 6

3 + ____ = 6

____ + ____ = 6

____ + ____ = 6

____ + ____ = 6

5 COMPLETE O ESQUEMA ABAIXO.

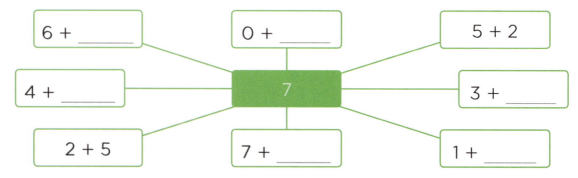

SUBTRAÇÃO

1) OBSERVE AS CENAS E, DEPOIS, REGISTRE AS QUANTIDADES.

A.

HAVIA _____ ADESIVOS NA CARTELA.

RENATA RETIROU _____ ADESIVOS.

RESTARAM _____ ADESIVOS NA CARTELA.

B.

HAVIA _____ GATOS NO SOFÁ.

_____ GATOS DESCERAM DO SOFÁ.

FICARAM _____ GATOS NO SOFÁ.

PARA EXPLORAR

***ENQUANTO A MAMÃE GALINHA NÃO ESTAVA**, DE YU YEONG-SO E HAN BYEONG-HO. EDITORA CALLIS.*

NESSE LIVRO, VOCÊ VAI APRENDER ADIÇÕES E SUBTRAÇÕES AO LER AS AVENTURAS QUE OS OVINHOS DA MAMÃE GALINHA VIVEM QUANDO ELA NÃO ESTÁ POR PERTO.

2 VÍTOR COMEÇOU UM JOGO ELETRÔNICO COM 5 CORAÇÕES. CADA VEZ QUE ERRA O CAMINHO, ELE PERDE UM CORAÇÃO. ELE JÁ PERDEU 2 CORAÇÕES. VEJA.

- COMPLETE OS ESPAÇOS PARA DESCOBRIR QUANTOS CORAÇÕES VÍTOR AINDA TEM.

_____ MENOS _____ É IGUAL A _____.
CORAÇÕES NO INÍCIO DO JOGO   CORAÇÕES QUE VÍTOR PERDEU   CORAÇÕES RESTANTES

3 ROSE TEM UMA CAIXA DE LÁPIS DE COR. ELA DECIDIU SEPARAR SEUS LÁPIS ENTRE A CAIXA E O ESTOJO. OBSERVE AS CENAS E COMPLETE OS ESPAÇOS PARA DESCOBRIR QUANTOS LÁPIS FICARAM NA CAIXA.

_____ MENOS _____ É IGUAL A _____.
LÁPIS QUE ESTAVAM NA CAIXA   LÁPIS QUE ROSE COLOCOU NO ESTOJO   LÁPIS QUE RESTARAM NA CAIXA

4 VEJA ALGUMAS DAS VACAS CRIADAS POR TÉO EM SEU SÍTIO.

A. CONTE QUANTAS VACAS ESTÃO NESSE CERCADO E REGISTRE A QUANTIDADE NO QUADRINHO AO LADO.

B. TÉO VAI TIRAR AS 2 VACAS MALHADAS DO CERCADO. CONTORNE ESSAS VACAS.

C. DESENHE ABAIXO AS VACAS QUE VÃO CONTINUAR NO CERCADO.

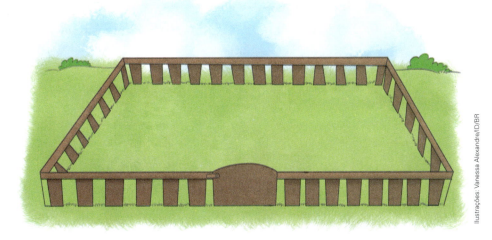

D. AGORA, REGISTRE NO QUADRINHO AO LADO A QUANTIDADE DE VACAS QUE VÃO CONTINUAR NO CERCADO E, DEPOIS, COMPLETE O TEXTO ABAIXO COM OS NÚMEROS CORRETOS.

NO CERCADO, HAVIA _____ VACAS. TÉO VAI TIRAR _____ VACAS. FICARÃO _____ VACAS NO CERCADO.

REPRESENTAR E EFETUAR SUBTRAÇÕES

1 MATEUS TINHA 9 BOLAS DE GUDE. EM UMA PARTIDA, PERDEU 5 BOLAS. OBSERVE COMO ELE REPRESENTOU ESSA SITUAÇÃO PARA CALCULAR COM QUANTAS BOLAS DE GUDE ELE FICOU E, DEPOIS, COMPLETE A FRASE DO BALÃO.

FIQUEI COM _____ BOLAS DE GUDE.

2 RESOLVA AS SITUAÇÕES A SEGUIR.

A. PRISCILA TINHA 7 COLARES E DEU 3 DELES PARA UMA AMIGA. COM QUANTOS COLARES PRISCILA FICOU?

PRISCILA FICOU COM _____ COLARES.

B. GUILHERME TINHA 10 BALÕES, MAS 5 ESTOURARAM. COM QUANTOS BALÕES GUILHERME FICOU?

GUILHERME FICOU COM _____ BALÕES.

3 TOMÁS TEM 8 REAIS E QUER COMPRAR UM LÁPIS DE 4 REAIS. OBSERVE COMO ELE FEZ PARA CALCULAR COM QUANTOS REAIS VAI FICAR DEPOIS DA COMPRA.

> QUERO CALCULAR QUANTO É 8 MENOS 4. PRIMEIRO, MOSTRO 8 DEDOS.

> AGORA, ABAIXO 4 DEDOS.

> DEPOIS, CONTO QUANTOS DEDOS SOBRARAM.

A. QUANTOS DEDOS SOBRARAM LEVANTADOS? _____

B. QUANTO É 8 MENOS 4? _____

C. COM QUANTOS REAIS TOMÁS FICARÁ? _____

4 OSCAR TEM 9 PERAS E VAI COMER 3 PERAS COM OS AMIGOS. OBSERVE A IMAGEM E REGISTRE AS QUANTIDADES.

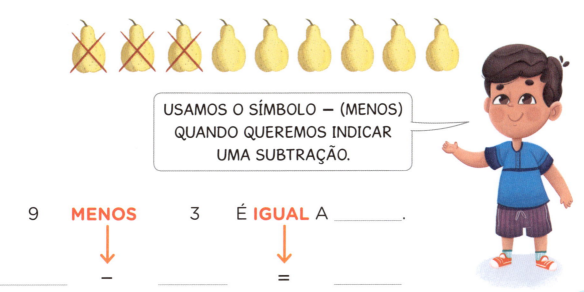

> USAMOS O SÍMBOLO — (MENOS) QUANDO QUEREMOS INDICAR UMA SUBTRAÇÃO.

9   **MENOS**   3   **É IGUAL** A _____.

___ − ___ = ___

PROBABILIDADE E ESTATÍSTICA

CLASSIFICAÇÃO DE EVENTOS

1 JULIANA COMPROU 3 CARRINHOS: 1 AZUL, 1 VERMELHO E 1 VERDE, PARA DAR AOS SEUS SOBRINHOS RODRIGO, BEATRIZ E FERNANDA. LEIA O QUE JULIANA DIZ.

> VOU EMBRULHAR TODOS OS CARRINHOS COM PAPÉIS IGUAIS, E CADA UM VAI GANHAR UM CARRINHO SEM SABER QUAL É A COR.

A. MARQUE COM UM **X** O CARRINHO QUE **NÃO** PODE TER SIDO O QUE RODRIGO GANHOU.

B. VOCÊ ACHA QUE O CARRINHO QUE BEATRIZ GANHOU PODE SER UM CARRINHO AZUL? POR QUÊ?

C. VOCÊ ACHA QUE O CARRINHO QUE FERNANDA GANHOU É COM CERTEZA UM CARRINHO VERMELHO? POR QUÊ?

D. CONTE AOS COLEGAS E AO PROFESSOR COMO VOCÊ PENSOU PARA RESPONDER AOS ITENS **A**, **B** E **C**.

2 VAMOS CONTINUAR A ESTUDAR A SITUAÇÃO DE JULIANA E SEUS SOBRINHOS? MARQUE COM UM **X** SE O QUE CADA CRIANÇA DIZ VAI ACONTECER COM CERTEZA, TALVEZ ACONTEÇA OU É IMPOSSÍVEL ACONTECER.

A.

UM DOS SOBRINHOS DE JULIANA VAI GANHAR UM CARRINHO AZUL.

☐ VAI ACONTECER COM CERTEZA.

☐ TALVEZ ACONTEÇA.

☐ É IMPOSSÍVEL ACONTECER.

B.

BEATRIZ VAI GANHAR UM CARRINHO VERMELHO.

☐ VAI ACONTECER COM CERTEZA.

☐ TALVEZ ACONTEÇA.

☐ É IMPOSSÍVEL ACONTECER.

C.

UM DOS SOBRINHOS DE JULIANA VAI GANHAR UM CARRINHO PRETO.

☐ VAI ACONTECER COM CERTEZA.

☐ TALVEZ ACONTEÇA.

☐ É IMPOSSÍVEL ACONTECER.

JOGO

BOLAS DE PAPEL

MATERIAL

- 3 CAIXAS DE PAPELÃO DE MESMO TAMANHO, VAZIAS E SEM TAMPA, NUMERADAS CONFORME A ILUSTRAÇÃO ABAIXO.
- FOLHAS DE RASCUNHO PARA FAZER BOLAS DE PAPEL (NA MESMA QUANTIDADE DOS PARTICIPANTES DE CADA EQUIPE).
- FITA ADESIVA OU BARBANTE.

NÚMERO DE PARTICIPANTES

- EQUIPES DE 3 ALUNOS.

OBJETIVO

- FAZER A MAIOR QUANTIDADE DE PONTOS.

REGRAS

1. ANTES DE INICIAR O JOGO, É PRECISO ORGANIZAR O ESPAÇO EM QUE ELE VAI ACONTECER. POSICIONEM AS CAIXAS COMO INDICADO NA ILUSTRAÇÃO. A CAIXA 1 DEVE ESTAR MAIS PRÓXIMA DA LINHA TRAÇADA NO CHÃO, A CAIXA 2 DEVE FICAR MAIS AFASTADA E A CAIXA 3, AINDA MAIS AFASTADA.

2. CADA JOGADOR DEVE LANÇAR UMA BOLA DE PAPEL DENTRO DE UMA DAS CAIXAS. ATENÇÃO! O JOGADOR DEVE FICAR ATRÁS DE UMA LINHA TRAÇADA NO CHÃO (PODE SER FEITA COM FITA ADESIVA OU COM BARBANTE) E NÃO PODE ULTRAPASSAR ESSA LINHA NO LANÇAMENTO.

- SE A BOLA CAIR FORA DAS CAIXAS, A EQUIPE NÃO MARCA PONTO.
- SE A BOLA CAIR NA CAIXA 1, A EQUIPE MARCA 1 PONTO.
- SE A BOLA CAIR NA CAIXA 2, A EQUIPE MARCA 2 PONTOS.
- SE A BOLA CAIR NA CAIXA 3, A EQUIPE MARCA 3 PONTOS.

3. OS JOGADORES DE CADA EQUIPE JOGAM UM DE CADA VEZ E CONTAM QUANTOS PONTOS A EQUIPE CONSEGUIU NO TOTAL, JUNTANDO OS PONTOS DE CADA JOGADOR. A EQUIPE QUE FIZER MAIS PONTOS SERÁ A VENCEDORA.

▶ **DEPOIS DO JOGO**

1 DUAS EQUIPES DO PRIMEIRO ANO JÁ JOGARAM! OBSERVE AS BOLAS DE PAPEL NAS CAIXAS E ESCREVA O TOTAL DE PONTOS QUE CADA EQUIPE OBTEVE.

EQUIPE **A**

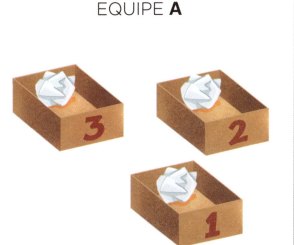

EQUIPE **B**

TOTAL: _____ PONTOS   TOTAL: _____ PONTOS

A. QUAL DESSAS EQUIPES FEZ MAIS PONTOS?

B. UM DOS JOGADORES DA EQUIPE **A** DISSE QUE, SE TIVESSE ACERTADO A BOLA NA CAIXA 3 EM VEZ DE TER ACERTADO NA CAIXA 1, A EQUIPE **A** TERIA FEITO MAIS PONTOS QUE A EQUIPE **B**. VOCÊ CONCORDA COM ELE? POR QUÊ?

APRENDER SEMPRE

1 VEJA AS FRUTAS QUE AS CRIANÇAS LEVARAM PARA A ESCOLA PARA FAZER UMA SALADA DE FRUTAS.

A. REGISTRE NOS QUADRINHOS ACIMA QUANTAS FRUTAS CADA CRIANÇA TROUXE.

B. QUANTAS FRUTAS LUCAS E CAIO TROUXERAM JUNTOS?

_____

C. QUANTAS FRUTAS BIA E MARISA TROUXERAM JUNTAS?

_____

D. VOCÊ SABE O QUE É UMA ALIMENTAÇÃO BALANCEADA E SUA IMPORTÂNCIA? CONVERSE SOBRE ISSO COM OS COLEGAS E O PROFESSOR.

2 RESOLVA OS PROBLEMAS A SEGUIR.

A. JANAÍNA COLHEU 4 ROSAS E 2 TULIPAS PARA A MÃE DELA. QUANTAS FLORES JANAÍNA COLHEU NO TOTAL?

JANAÍNA COLHEU _____ FLORES NO TOTAL.

B. CELSO TEM 9 CADERNOS E SEPAROU 3 DELES PARA DAR À SUA IRMÃ. COM QUANTOS CADERNOS CELSO VAI FICAR?

CELSO VAI FICAR COM _____ CADERNOS.

3 ESCREVA O RESULTADO DE CADA SUBTRAÇÃO NO INTERIOR DAS FIGURAS. DEPOIS, PINTE COM A MESMA COR AS FIGURAS COM RESULTADOS IGUAIS.

CAPÍTULO 4

NÚMEROS ATÉ 31

JUCA FOI AO PARQUE COM A MÃE E A IRMÃ. ELE ESTÁ SE PREPARANDO PARA ANDAR DE BICICLETA.

PARA COMEÇO DE CONVERSA

1. QUANTAS PESSOAS ESTÃO USANDO CAPACETE?
2. QUANTAS PESSOAS ESTÃO SEM CAPACETE?
3. HÁ MAIS PESSOAS COM OU SEM CAPACETE?
4. A PISTA DE *SKATE* VAI FECHAR E AS CRIANÇAS QUE ESTÃO ANDANDO DE *SKATE* VÃO SAIR E TIRAR SEUS CAPACETES. QUANTAS PESSOAS VÃO FICAR SEM CAPACETE?
5. JUCA ESTÁ TERMINANDO DE COLOCAR OS EQUIPAMENTOS DE SEGURANÇA PARA ANDAR DE BICICLETA. VOCÊ COSTUMA USAR ESSES EQUIPAMENTOS QUANDO ANDA DE BICICLETA, DE PATINS OU DE *SKATE*?

SABER SER

MAIOR QUE OU MENOR QUE

1 REGISTRE A QUANTIDADE DE TIJOLOS EM CADA PILHA.

- EM QUAL DAS PILHAS HÁ MAIS TIJOLOS?

---

2 VOCÊ SABE O QUE É UMA FLAUTA DE PÃ? OBSERVE ALGUNS MODELOS DESSA FLAUTA.

A. PINTE DE **VERMELHO** A FLAUTA DE PÃ COM MAIS TUBOS.

B. PINTE DE **VERDE** A FLAUTA QUE TEM MENOS TUBOS.

3 CONTORNE A PRATELEIRA COM MAIS BRINQUEDOS E, DEPOIS, COMPLETE AS FRASES USANDO NÚMEROS.

A.

O NÚMERO 3 É **MENOR QUE** O NÚMERO _____.

B.

O NÚMERO _____ É **MENOR QUE** O NÚMERO _____.

C.

O NÚMERO _____ É **MAIOR QUE** O NÚMERO _____.

4 QUANTAS FRUTAS HÁ EM CADA BANDEJA? REGISTRE A QUANTIDADE DE CADA UMA NO QUADRINHO.

A. CONTORNE A BANDEJA QUE TEM A MAIOR QUANTIDADE DE FRUTAS.

B. MARQUE COM UM **X** A BANDEJA QUE TEM A MENOR QUANTIDADE DE FRUTAS.

5 ESCREVA NOS QUADRINHOS O NÚMERO DE ARGOLAS QUE HÁ EM CADA PINO. EM SEGUIDA, LEIA O QUE AS CRIANÇAS ESTÃO DIZENDO E LIGUE CADA CRIANÇA À QUANTIDADE DE ARGOLAS QUE ELA ACERTOU.

- AGORA, ESCREVA NOS QUADRINHOS, DA ESQUERDA PARA A DIREITA, O NÚMERO DE ARGOLAS QUE CADA CRIANÇA ACERTOU NOS PINOS. COMECE COM O MENOR NÚMERO E TERMINE COM O MAIOR NÚMERO.

6 OBSERVE QUANTAS BOLAS ESTÃO GUARDADAS NA CAIXA ROSA E DESENHE UMA QUANTIDADE MENOR DE BOLAS DENTRO DA CAIXA VERDE.

SEQUÊNCIA NUMÉRICA

1 COMPLETE A TRILHA DESENHANDO EM CADA CASA A QUANTIDADE DE PEDRAS INDICADA NO CARTÃO.

- EM SUA OPINIÃO, HÁ UMA REGRA PARA A QUANTIDADE DE PEDRAS EM CADA CASA DA TRILHA? CONVERSE COM OS COLEGAS E O PROFESSOR.

2 A SEQUÊNCIA DE NÚMEROS A SEGUIR ESTÁ ORGANIZADA DO **MENOR** NÚMERO PARA O **MAIOR** NÚMERO. OBSERVE E FAÇA O QUE SE PEDE.

| 1 | 2 | 3 | 4 | 5 | 6 | 7 | 8 | 9 | 10 |

A. PINTE DE VERDE OS QUADRINHOS EM QUE APARECEM NÚMEROS MAIORES QUE 6.

B. PINTE DE VERMELHO OS QUADRINHOS EM QUE APARECEM NÚMEROS MENORES QUE 4.

C. SEGUINDO A SEQUÊNCIA DE NÚMEROS MOSTRADA ACIMA, COMPLETE OS QUADRINHOS COM OS NÚMEROS QUE FALTAM EM CADA CASO.

3 CONTORNE A ESTRELA COM O NÚMERO QUE É MAIOR QUE 5 E MENOR QUE 8.

4 PINTE O CAMINHO EM QUE OS NÚMEROS ESTÃO ORGANIZADOS DO **MAIOR** NÚMERO PARA O **MENOR** NÚMERO E DESCUBRA PARA ONDE FABIANA ESTÁ INDO.

- PARA ONDE FABIANA ESTÁ INDO?

5 DESCUBRA A REGRA DE CADA SEQUÊNCIA E COMPLETE-A.

NÚMEROS EM ORDEM

1 OS ANÕES ESTÃO INDO PARA O TRABALHO. OBSERVE COMO ELES ESTÃO ORGANIZADOS EM FILA E FAÇA O QUE SE PEDE.

A. O **PRIMEIRO** ANÃO DA FILA É O MESTRE. CONTORNE O **ÚLTIMO** ANÃO DA FILA.

B. QUEM É O SEGUNDO ANÃO DA FILA? MARQUE COM UM **X** A RESPOSTA CERTA.

C. COMPLETE A FRASE ABAIXO.

FELIZ ESTÁ NA POSIÇÃO DE NÚMERO _____ DA FILA.

D. MUITAS VEZES, NOSSAS EXPRESSÕES REVELAM COMO ESTAMOS NOS SENTINDO. VOCÊ SABERIA DIZER QUEM É O FELIZ SE ESSA INFORMAÇÃO NÃO ESTIVESSE NA ILUSTRAÇÃO? O QUE DEIXA VOCÊ E SEUS AMIGOS FELIZES?

2 PARA REPRESENTAR UMA ORDEM, USAMOS NÚMEROS ORDINAIS. OBSERVE ALGUNS DELES A SEGUIR.

1º	PRIMEIRO	OU	1ª	PRIMEIRA
2º	SEGUNDO	OU	2ª	SEGUNDA
3º	TERCEIRO	OU	3ª	TERCEIRA
4º	QUARTO	OU	4ª	QUARTA
5º	QUINTO	OU	5ª	QUINTA
6º	SEXTO	OU	6ª	SEXTA
7º	SÉTIMO	OU	7ª	SÉTIMA
8º	OITAVO	OU	8ª	OITAVA
9º	NONO	OU	9ª	NONA
10º	DÉCIMO	OU	10ª	DÉCIMA

- OBSERVE NOVAMENTE A CENA DA ATIVIDADE **1** E ESCREVA EM CADA PLACA ABAIXO O NÚMERO ORDINAL QUE INDICA A POSIÇÃO DOS ANÕES NAQUELA FILA.

MESTRE   FELIZ   DUNGA   SONECA   ATCHIM   ZANGADO   DENGOSO

3 SE MAIS UM ANÃO ENTRASSE NO FIM DA FILA DA ATIVIDADE **1**, QUE POSIÇÃO ELE OCUPARIA? CONVERSE COM OS COLEGAS E O PROFESSOR.

RETA NUMÉRICA

1 UMA DAS MANEIRAS DE ORGANIZAR NÚMEROS É USAR A RETA NUMÉRICA. OBSERVE A RETA NUMÉRICA ABAIXO.

NA RETA NUMÉRICA, PODEMOS ORGANIZAR OS NÚMEROS DO MENOR NÚMERO PARA O MAIOR NÚMERO.

A. QUAL NÚMERO ESTÁ LOCALIZADO IMEDIATAMENTE ANTES DO 4? _____

B. COMPLETE A FRASE ABAIXO.

PODEMOS DIZER QUE 4 É MAIOR QUE _____

OU QUE _____ É MENOR QUE 4.

2 RITA ESTÁ LOCALIZANDO NÚMEROS EM UMA RETA NUMÉRICA.

NESTA RETA NUMÉRICA, OS NÚMEROS AUMENTAM DE 2 EM 2.

- A RETA NUMÉRICA DE RITA ESTÁ REPRESENTADA ABAIXO. COMPLETE-A COM OS NÚMEROS QUE FALTAM.

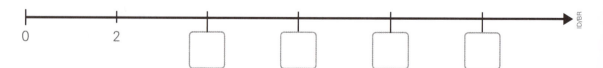

A DEZENA

1 LETÍCIA ESTAVA ORGANIZANDO AS PULSEIRAS QUE COLECIONA QUANDO SEU TIO CHEGOU E DEU A ELA MAIS ALGUMAS PULSEIRAS. OBSERVE.

A. QUANTAS PULSEIRAS LETÍCIA TINHA? _____

B. QUANTAS PULSEIRAS ELA GANHOU DO TIO? _____

C. COM QUANTAS PULSEIRAS LETÍCIA FICOU? _____

AGORA, TENHO **10 (DEZ)** PULSEIRAS OU **UMA DEZENA** DE PULSEIRAS.

PODEMOS REPRESENTAR UMA DEZENA COM O MATERIAL DOURADO ASSIM:

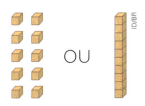

2 DESENHE AS FLORES QUE FALTAM PARA COMPLETAR UMA DEZENA DE FLORES.

NÚMEROS ATÉ 20

1 OBSERVE AS FORMIGAS LEVANDO O ALIMENTO PARA O FORMIGUEIRO E FAÇA O QUE SE PEDE.

A. COM O PROFESSOR, LEIA EM VOZ ALTA ESSA SEQUÊNCIA NUMÉRICA DO 1 AO 20.

B. DEPOIS, COM O PROFESSOR, LEIA A SEQUÊNCIA NUMÉRICA QUE COMEÇA NO 20 E TERMINA NO 1.

2 IMAGINE QUE O SAPO ESTAVA NA PEDRA DE NÚMERO 1 E VAI ATRAVESSAR O LAGO SALTANDO DE 2 EM 2 PEDRAS.

- CONTINUE O PERCURSO, MARCANDO COM UM **X** AS PEDRAS EM QUE O SAPO VAI PISAR PARA CHEGAR AO OUTRO LADO.

3 OBSERVE OS BLOCOS DE MONTAR E RESPONDA ÀS QUESTÕES.

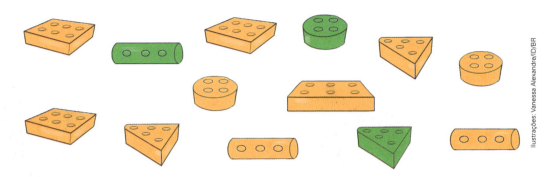

A. QUANTOS BLOCOS DE MONTAR SÃO AMARELOS? _____

B. QUANTOS BLOCOS DE MONTAR SÃO VERDES? _____

C. QUANTOS BLOCOS DE MONTAR HÁ AO TODO? _____

4 CONTE QUANTAS CANETAS HÁ EM CADA SITUAÇÃO E, DEPOIS, COMPLETE AS FRASES.

A.

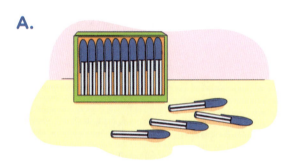

DENTRO DA CAIXA HÁ _____ CANETAS. FORA DA CAIXA HÁ MAIS _____ CANETAS.

10 CANETAS MAIS _____ CANETAS SÃO 14 CANETAS.

10 + _____ = 14

B.

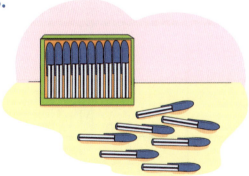

DENTRO DA CAIXA HÁ _____ CANETAS. FORA DA CAIXA HÁ MAIS _____ CANETAS.

_____ CANETAS MAIS _____ CANETAS SÃO 17 CANETAS.

_____ + _____ = _____

5 OBSERVE OS DESENHOS QUE VALÉRIA FEZ.

| VALÉRIA DESENHOU 1 DEZENA DE FLORES. | DEPOIS, ELA DESENHOU MAIS 1 DEZENA DE FLORES. |

- QUANTAS FLORES VALÉRIA DESENHOU AO TODO? _____

EU DESENHEI 20 (VINTE) FLORES OU DUAS DEZENAS DE FLORES.

PODEMOS REPRESENTAR DUAS DEZENAS COM O MATERIAL DOURADO ASSIM:

6 COMPLETE O QUADRO COM OS NÚMEROS QUE FALTAM.

1	2		4	
		8		10
	12	13		
16			19	

7 MARQUE COM UM **X** O INTRUSO EM CADA SEQUÊNCIA.

- EM CADA SEQUÊNCIA, POR QUE O NÚMERO QUE VOCÊ MARCOU É UM INTRUSO? CONVERSE COM OS COLEGAS E O PROFESSOR SOBRE ISSO.

8 OBSERVE OS AVIÕES DE BRINQUEDO.

A. OBSERVANDO A IMAGEM, VOCÊ ACHA QUE HÁ MAIS OU MENOS DE 15 AVIÕES? _____

B. FAÇA GRUPOS DE 5 AVIÕES E COMPLETE A FRASE ABAIXO.

AO TODO HÁ _____ AVIÕES.

DÚZIA E MEIA DÚZIA

1 ARTUR E FERNANDA FORAM À FEIRA.

A. ARTUR COMPROU ALGUNS OVOS. VEJA.

QUANTOS OVOS ARTUR COMPROU? _____

B. FERNANDA TAMBÉM COMPROU ALGUNS OVOS. OBSERVE.

QUANTOS OVOS FERNANDA COMPROU? _____

12 OVOS É O MESMO QUE **UMA DÚZIA** DE OVOS.

6 OVOS É O MESMO QUE **MEIA DÚZIA** DE OVOS.

2 OBSERVE AS MAÇÃS ABAIXO E FAÇA O QUE SE PEDE.

A. CONTORNE DE **VERMELHO** UMA DÚZIA DE MAÇÃS.

B. CONTORNE DE **AZUL** MEIA DÚZIA DE MAÇÃS.

3 FABRÍCIO QUER ORGANIZAR UMA DÚZIA DE BOTÕES EM DUAS CAIXAS. CADA CAIXA DEVE FICAR COM A MESMA QUANTIDADE DE BOTÕES.

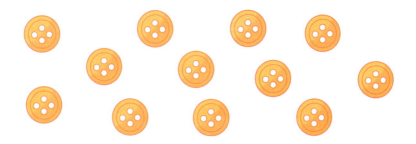

- DESENHE OS BOTÕES QUE DEVEM FICAR EM CADA CAIXA E, DEPOIS, COMPLETE A FRASE.

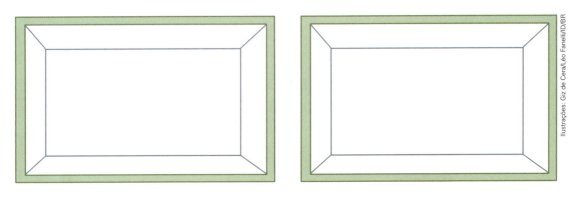

CADA CAIXA FICOU COM _____ BOTÕES OU COM _____ DÚZIA DE BOTÕES.

NÚMEROS ATÉ 31

1 OBSERVE OS PACOTES DE BALA EM CADA SITUAÇÃO E COMPLETE AS FRASES.

A.

CADA PACOTE TEM _____ DEZENA DE BALAS.

HÁ _____ PACOTES DE BALA.

FORA DOS PACOTES HÁ _____ BALAS.

ENTÃO, HÁ _____ DEZENAS E _____ UNIDADES DE BALAS.

20 + _____ = _____

B.

CADA PACOTE TEM _____ DEZENA DE BALAS.

HÁ _____ PACOTES DE BALA.

FORA DOS PACOTES HÁ _____ BALA.

ENTÃO, HÁ _____ DEZENAS E _____ UNIDADE DE BALAS, OU SEJA, 30 BALAS.

VEJA COMO PODEMOS REPRESENTAR 30 (TRINTA) OU 3 DEZENAS COM O MATERIAL DOURADO.

  OU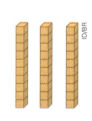

2 PINTE 1 DEZENA DE BALÕES DE AMARELO, 1 DEZENA DE BALÕES DE VERDE E O RESTANTE DOS BALÕES DE LARANJA.

- QUANTOS BALÕES VOCÊ PINTOU AO TODO? _____

3 CONTORNE GRUPOS DE 10 CARRINHOS E, DEPOIS, RESPONDA À QUESTÃO.

- AO TODO HÁ QUANTOS CARRINHOS? _____

4 OBSERVE O CALENDÁRIO ABAIXO. DEPOIS, FAÇA O QUE SE PEDE EM CADA ITEM.

SETEMBRO 2023						
DOMINGO	SEGUNDA-FEIRA	TERÇA-FEIRA	QUARTA-FEIRA	QUINTA-FEIRA	SEXTA-FEIRA	SÁBADO
					1	2
3	4	5	6	7	8	9
10	11	12	⚽	14	15	16
17	18	19	20	🎵	22	23
🎒	25	26	27	28	29	🎂

A. ESCREVA EM QUE DIA SERÁ:

 A AULA DE MÚSICA. _____

 O JOGO DE FUTEBOL. _____

 O PASSEIO AO PARQUE. _____

🎂 A FESTA DE ANIVERSÁRIO. _____

B. VOCÊ COSTUMA FAZER ANOTAÇÕES PARA NÃO SE ESQUECER DE COISAS IMPORTANTES?

5 CONTINUE LIGANDO OS PONTOS E, DEPOIS, RESPONDA ÀS QUESTÕES.

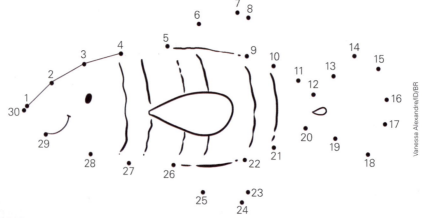

A. COMO VOCÊ FEZ PARA CONTINUAR LIGANDO OS PONTOS?

B. QUE FIGURA VOCÊ OBTEVE AO LIGAR OS PONTOS?

6 PENSE NA SEQUÊNCIA DOS NÚMEROS QUE COMEÇA NO 1 E TERMINA NO 31 E RESPONDA ÀS QUESTÕES.

A. QUAL É O NÚMERO QUE VEM DEPOIS DO 20 E ANTES DO 22? _____

B. QUAIS NÚMEROS ESTÃO ENTRE OS NÚMEROS 22 E 26?
_____

C. QUAIS NÚMEROS VÊM ANTES DO 11?
_____

D. QUAIS NÚMEROS VÊM DEPOIS DO 25?
_____

7 OBSERVE OS BRINQUEDOS DE CADA CAIXA.

A. EM QUAL CAIXA VOCÊ ACHA QUE HÁ MAIS BRINQUEDOS?
_____

B. COMO VOCÊ PENSOU PARA RESPONDER AO ITEM **A**? CONVERSE COM OS COLEGAS E O PROFESSOR.

PROBABILIDADE E ESTATÍSTICA

LEITURA E INTERPRETAÇÃO DE GRÁFICOS DE BARRAS

1 A PROFESSORA BRUNA FEZ UMA PESQUISA PARA SABER QUAL É O MEIO DE TRANSPORTE MAIS UTILIZADO PELOS ALUNOS EM SUAS VIAGENS. ELA REPRESENTOU OS RESULTADOS EM UM GRÁFICO DE BARRAS. VEJA.

CADA ALUNO ESCOLHEU UM ÚNICO MEIO DE TRANSPORTE.

A. QUAL É O MEIO DE TRANSPORTE MAIS UTILIZADO? QUANTOS ALUNOS ESCOLHERAM ESSE MEIO DE TRANSPORTE? _____

B. QUAL DOS MEIOS DE TRANSPORTE NÃO FOI INDICADO POR NENHUM DOS ALUNOS? _____

C. QUANTOS ALUNOS PARTICIPARAM DA PESQUISA? COMO VOCÊ DESCOBRIU?

2 NO GRÁFICO ABAIXO, CADA QUADRADINHO PINTADO REPRESENTA O VOTO DE UM ALUNO DA TURMA DO 1º ANO EM SEU BRINQUEDO PREFERIDO DO PARQUE DE DIVERSÕES. OBSERVE.

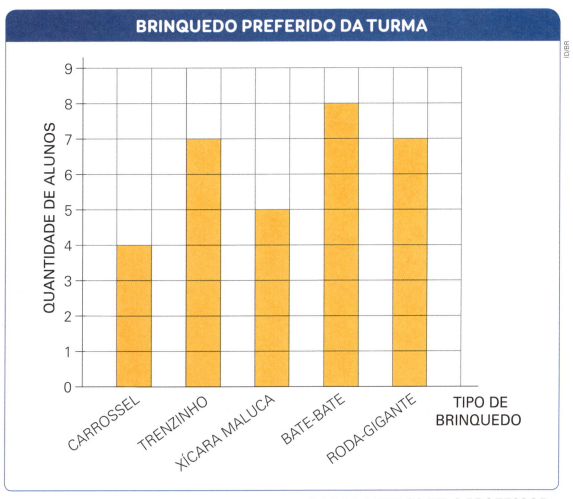

DADOS OBTIDOS PELO PROFESSOR.

A. QUAL DOS BRINQUEDOS RECEBEU MAIS VOTOS? QUANTOS VOTOS ELE RECEBEU? _____

B. A RODA-GIGANTE RECEBEU QUANTOS VOTOS? _____

C. QUAL BRINQUEDO RECEBEU MENOS VOTOS? _____

D. QUANTOS ALUNOS PARTICIPARAM DESSA PESQUISA?

VAMOS LER IMAGENS!

CAPAS DE LIVROS

AO ESCOLHER UM LIVRO PARA LER, A PRIMEIRA COISA QUE OBSERVAMOS É A CAPA DELE. A CAPA DE UM LIVRO PODE NOS FORNECER DIVERSAS INFORMAÇÕES SOBRE ELE.

EM GERAL, UM DOS PRIMEIROS ELEMENTOS QUE CHAMAM NOSSA ATENÇÃO É O TÍTULO, MAS HÁ TAMBÉM OUTRAS INFORMAÇÕES IMPORTANTES, COMO O NOME DO AUTOR, DO ILUSTRADOR E DA EDITORA. NO CASO DO LIVRO ACIMA, O TÍTULO É *O LIVRO DE NÚMEROS DO MARCELO*, A AUTORA É RUTH ROCHA, O ILUSTRADOR É ALBERTO LLINARES E A EDITORA QUE PUBLICOU O LIVRO É A SALAMANDRA.

É COMUM AS CAPAS DE LIVROS SEREM ILUSTRADAS. A ILUSTRAÇÃO DA CAPA TEM RELAÇÃO COM O ASSUNTO DO LIVRO. NO LIVRO ACIMA, POR EXEMPLO, VEMOS NA CAPA UM MENINO, PROVAVELMENTE O MARCELO DO TÍTULO, PINTANDO O NÚMERO 7. EM VOLTA DA TELA, HÁ OUTROS NÚMEROS PINTADOS E FIXADOS NA PAREDE COM FITA ADESIVA: 1, 2, 3, 4, 5, 6, 8 E 9. E HÁ TAMBÉM O NÚMERO ZERO, QUE ESTÁ COM O CACHORRO!

AGORA É A SUA VEZ!

1 OBSERVE A CAPA DO LIVRO ABAIXO E RESPONDA ÀS QUESTÕES.

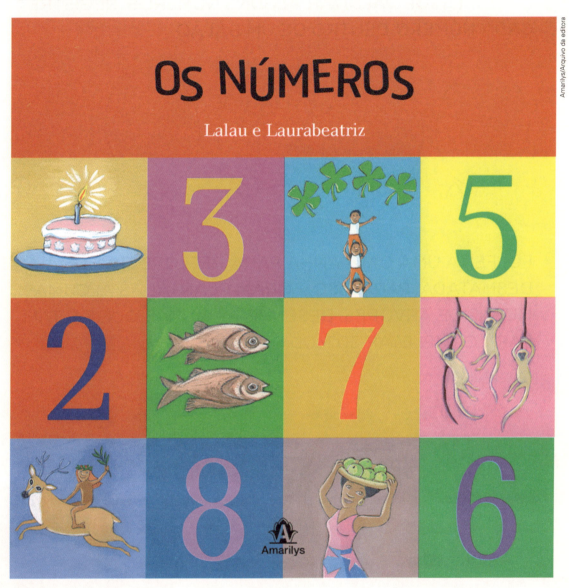

A. QUAL É O TÍTULO DO LIVRO?

B. QUEM SÃO OS AUTORES DO LIVRO?

C. QUAL FOI A EDITORA QUE PUBLICOU ESSE LIVRO?

D. QUAIS ALGARISMOS (OU DÍGITOS) ESTÃO PRESENTES NA CAPA DO LIVRO?

E. QUAL É A RELAÇÃO DAS IMAGENS PRESENTES NA CAPA COM O TÍTULO DESSE LIVRO?

APRENDER SEMPRE

1 O PROFESSOR VAI DITAR ALGUNS NÚMEROS. REGISTRE CADA NÚMERO DENTRO DE UM BALÃO.

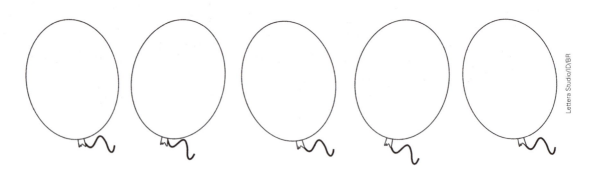

2 FOI FEITA UMA CAMPANHA PARA REFLORESTAR UMA ÁREA DESMATADA. PARA ISSO, FORAM PLANTADAS ALGUMAS MUDAS DE ÁRVORES. DESENHE AS MUDAS QUE FALTAM PARA COMPLETAR 30 MUDAS.

- EM SUA OPINIÃO, POR QUE CAMPANHAS DESSE TIPO SÃO IMPORTANTES? CONVERSE COM OS COLEGAS E O PROFESSOR.

3 OBSERVE A ORDEM DE LARGADA DESTES CARROS DE CORRIDA E, DEPOIS, COMPLETE O QUADRO.

CARRO DE CORRIDA	ORDEM DE LARGADA
AMARELO	4ª
VERDE	3ª
VERMELHO	
AZUL-CLARO	1ª
ROSA	
AZUL-ESCURO	

4 OBSERVE OS BOLOS DE TRÊS ANIVERSARIANTES.

LUÍSA   FÁBIO   VÂNIA

A. CONTE AS VELAS E RESPONDA: QUANTOS ANOS CADA UM ESTÁ FAZENDO?

LUÍSA: _____   FÁBIO: _____   VÂNIA: _____

B. QUAL DOS ANIVERSARIANTES É O MAIS VELHO? _____

C. QUAL DELES É O MAIS NOVO? _____

CENTO E SETE   **107**

CAPÍTULO 5

GEOMETRIA

MIGUEL E AS COLEGAS, GIOVANA E NÁDIA, ESTÃO APRENDENDO NOVOS ASSUNTOS NA AULA DE GEOMETRIA.

PARA COMEÇO DE CONVERSA

1. VOCÊ JÁ TINHA VISTO ALGUMA DAS FIGURAS QUE ESTÃO DESENHADAS NA LOUSA? SE SIM, SABE O NOME DE ALGUMA DELAS?

2. COMO VOCÊ FARIA PARA INDICAR A LOCALIZAÇÃO DO VASO DE FLORES?

3. MIGUEL QUER USAR DOIS DOS CARTÕES QUE ESTÃO EM CIMA DA MESA PARA MONTAR UMA CASINHA, MAS GIOVANA QUER USAR OS MESMOS CARTÕES QUE ELE. COMO VOCÊ ACHA QUE ELES PODEM RESOLVER ESSA SITUAÇÃO?

VAMOS ORGANIZAR OBJETOS?

1 A MÃE DE ÁLVARO É COSTUREIRA E ELE ADORA BRINCAR COM OS CARRETÉIS DE LINHA QUE A MÃE DELE TEM.

OBSERVE COMO ÁLVARO ORGANIZOU OS CARRETÉIS AO GUARDÁ-LOS.

A. ÁLVARO ORGANIZOU OS CARRETÉIS POR TAMANHO. ELE ORDENOU OS CARRETÉIS DO MAIOR PARA O MENOR OU DO MENOR PARA O MAIOR?

_____

B. DESTAQUE OS CARRETÉIS DA PÁGINA 213 E COLE-OS, DO MAIOR PARA O MENOR, NO ESPAÇO ABAIXO.

2 OBSERVE OS BRINQUEDOS DE IVONE.

- IVONE COMEÇOU A ORGANIZAR OS BRINQUEDOS POR TIPO. DESTAQUE OS BRINQUEDOS DA PÁGINA 213 E AJUDE IVONE A TERMINAR DE ORGANIZAR OS BRINQUEDOS DELA.

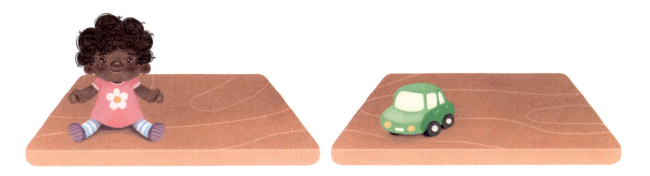

3 OBSERVE AS CAIXAS QUE RODRIGO TEM.

- PINTE AS CAIXAS ABAIXO PARA AJUDAR RODRIGO A ORGANIZÁ-LAS DE ACORDO COM A COR.

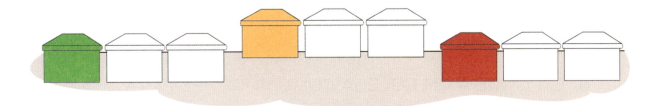

4 VEJA OS COPOS, AS CANECAS E AS XÍCARAS ABAIXO.

A. DESTAQUE OS COPOS, AS CANECAS E AS XÍCARAS DA PÁGINA 213. DEPOIS, ORGANIZE-OS DA MANEIRA QUE PREFERIR, COLANDO-OS NAS PRATELEIRAS.

B. EXPLIQUE A UM COLEGA COMO VOCÊ FEZ PARA ORGANIZAR OS COPOS, AS CANECAS E AS XÍCARAS.

LOCALIZAÇÃO

1 OBSERVE A POSIÇÃO EM QUE VOCÊ ESTÁ SENTADO NA SALA DE AULA E RESPONDA ÀS QUESTÕES.

A. QUEM ESTÁ SENTADO DO SEU LADO DIREITO? _____

B. QUEM ESTÁ SENTADO NA SUA FRENTE? _____

C. QUEM ESTÁ SENTADO DO SEU LADO ESQUERDO? _____

D. QUEM ESTÁ SENTADO ATRÁS DE VOCÊ? _____

2 A PROFESSORA DE GUILHERME PEDIU A ELE QUE DESCREVESSE A POSIÇÃO DE ALGUNS OBJETOS DA SALA DE AULA EM RELAÇÃO AO LUGAR EM QUE ELE SENTA. LEIA O QUE ELE DISSE.

- AGORA É A SUA VEZ! DESCREVA A UM COLEGA A POSIÇÃO DE ALGUNS OBJETOS EM RELAÇÃO AO LUGAR EM QUE VOCÊ SENTA.

CENTO E TREZE

3 MAURÍCIO QUER JOGAR PINGUE-PONGUE E ESTÁ PROCURANDO A OUTRA RAQUETE NO QUARTO. OBSERVE.

- MARQUE COM UM **X** A AFIRMAÇÃO VERDADEIRA.

☐ A RAQUETE ESTÁ EM CIMA DA CAMA.

☐ A RAQUETE ESTÁ PERTO DE UMA CAIXA VERMELHA.

☐ A RAQUETE ESTÁ EMBAIXO DO CARRO LARANJA.

4 LEIA O QUE FABRÍCIO E BIA ESTÃO CONVERSANDO.

A. COM A RESPOSTA DE BIA, VOCÊ CONSEGUE DESCOBRIR QUEM É O PAULO NA CENA? POR QUÊ? TROQUE IDEIAS COM OS COLEGAS.

B. SE BIA TIVESSE RESPONDIDO QUE PAULO ESTÁ ATRÁS DA GANGORRA, VOCÊ CONSEGUIRIA DESCOBRIR QUEM É O PAULO?

C. QUAIS INFORMAÇÕES PRECISAMOS FORNECER QUANDO QUEREMOS INDICAR A LOCALIZAÇÃO DE ALGO OU DE ALGUÉM.

5 OBSERVE A CENA A SEGUIR.

- COMO VOCÊ EXPLICARIA A UM COLEGA ONDE ESTÁ A GARRAFA ROXA?

PADRÕES

1 PAULO E VÍTOR FIZERAM UM JOGO DE DAMAS REUTILIZANDO ALGUNS MATERIAIS. VEJA.

A. A PINTURA DESSE TABULEIRO APRESENTA UM PADRÃO: BRANCO, PRETO, BRANCO, PRETO... CONTINUE PINTANDO O TABULEIRO ABAIXO DE ACORDO COM ESSE PADRÃO.

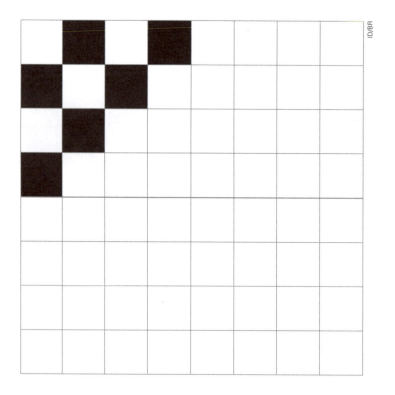

B. VOCÊ JÁ FEZ ALGUM JOGO OU BRINQUEDO REUTILIZANDO MATERIAIS? COMPARTILHE COM OS COLEGAS E O PROFESSOR.

2 OBSERVE A SEQUÊNCIA DE FIGURAS ABAIXO.

- ESSA SEQUÊNCIA APRESENTA UM PADRÃO: AZUL, VERMELHA, AZUL, VERMELHA... SE ESSA SEQUÊNCIA TIVESSE MAIS UMA FIGURA DO LADO DIREITO, DE QUE COR ELA SERIA? _____

3 EM CADA CASO, CONTINUE PINTANDO AS FIGURAS DE ACORDO COM O PADRÃO.

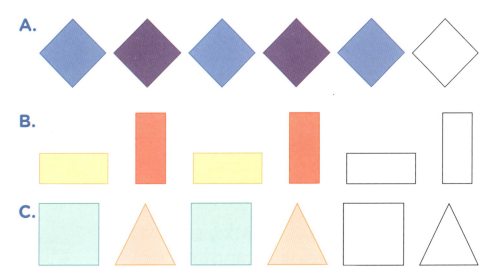

4 ESTER COLORIU A MALHA QUADRICULADA ABAIXO SEGUINDO UM PADRÃO, MAS COMETEU UM ENGANO. OBSERVE.

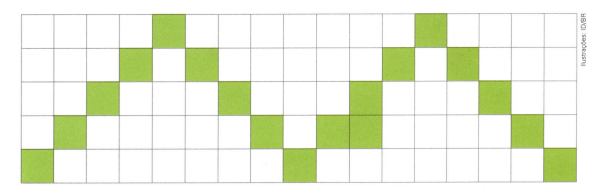

- MARQUE COM UM **X** O QUADRADINHO QUE ESTER COLORIU POR ENGANO.

FIGURAS NÃO PLANAS

1 LIGUE CADA OBJETO À FIGURA GEOMÉTRICA NÃO PLANA COM QUE ELE SE PARECE.

REPRESENTAÇÃO SEM PROPORÇÃO DE TAMANHO ENTRE OS ELEMENTOS.

| CUBO MÁGICO | BOLA DE GUDE | CAIXA DE PAPELÃO | CONE DE TRÂNSITO | LATA METÁLICA |

| PARALELEPÍPEDO | CUBO | ESFERA | CILINDRO | CONE |

2 OBSERVE AS FOTOGRAFIAS ABAIXO E MARQUE COM UM **X** OS OBJETOS QUE LEMBRAM ESTA FIGURA:

REPRESENTAÇÃO SEM PROPORÇÃO DE TAMANHO ENTRE OS ELEMENTOS.

| BOLA DE FUTEBOL | DADO | CHAPÉU DE ANIVERSÁRIO |

| CAIXA DE PAPELÃO | BOLA DE VÔLEI | BOLA DE TÊNIS |

3 RECORTE DE JORNAIS, PANFLETOS E REVISTAS IMAGENS DE OBJETOS QUE LEMBRAM AS FIGURAS GEOMÉTRICAS MOSTRADAS NA PÁGINA ANTERIOR. DEPOIS, COLE ESSAS IMAGENS NO ESPAÇO ABAIXO. AO TERMINAR, MOSTRE SUA COLAGEM AOS COLEGAS E AO PROFESSOR.

FIGURAS PLANAS

1 MARCOS E OS COLEGAS USARAM OBJETOS QUE LEMBRAM FIGURAS GEOMÉTRICAS NÃO PLANAS PARA PRODUZIR CARTÕES QUE LEMBRAM FIGURAS GEOMÉTRICAS PLANAS. OBSERVE COMO ELES TRAÇARAM E RECORTARAM OS CARTÕES.

- AGORA É A SUA VEZ! USE OBJETOS DA SALA DE AULA PARA PRODUZIR CARTÕES COM FORMATOS DE FIGURAS COMO ESSAS. FAÇA COMO MARCOS E OS COLEGAS: APOIE OS OBJETOS EM UMA CARTOLINA, CONTORNE ESSES OBJETOS E, DEPOIS, RECORTE COM CUIDADO OS CARTÕES.

2 OS CARTÕES QUE MARCOS E OS COLEGAS OBTIVERAM LEMBRAM AS SEGUINTES FIGURAS GEOMÉTRICAS:

RETÂNGULO   CÍRCULO   QUADRADO   TRIÂNGULO

- ELES RECORTARAM MAIS CARTÕES E FIZERAM A MONTAGEM REPRESENTADA A SEGUIR. OBSERVE QUANTOS CARTÕES DE CADA TIPO FORAM USADOS E COMPLETE O QUADRO.

CARTÕES QUE LEMBRAM	QUANTIDADE
TRIÂNGULO	
CÍRCULO	
RETÂNGULO	
QUADRADO	

3 PINTE AS FIGURAS DE ACORDO COM A LEGENDA.

CÍRCULO   TRIÂNGULO   QUADRADO

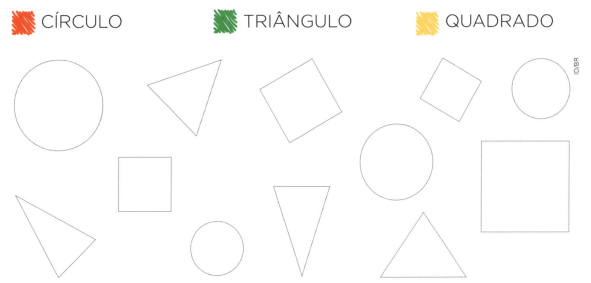

TANGRAM

1 ELIAS COSTUMA LER EM VIAGENS. DESSA VEZ, ELE ESCOLHEU UM LIVRO QUE CONTA A HISTÓRIA DO QUEBRA-CABEÇA CHINÊS CHAMADO *TANGRAM*. ACOMPANHE A LEITURA.

O *TANGRAM* É UM QUEBRA-CABEÇA CHINÊS MUITO ANTIGO, E SEU NOME SIGNIFICA "TÁBUA DAS SETE SABEDORIAS". NÃO SE SABE AO CERTO QUEM CRIOU O *TANGRAM* NEM HÁ QUANTO TEMPO ELE EXISTE, MAS HÁ MUITAS LENDAS SOBRE A ORIGEM DESSE JOGO.

UMA DESSAS LENDAS CONTA QUE UM JOVEM CHINÊS, ANTES DE SAIR EM VIAGEM PELO MUNDO, RECEBEU DE SEU MESTRE UM ESPELHO DE FORMA QUADRADA.

DURANTE SUA VIAGEM, VOCÊ REGISTRARÁ NESTE ESPELHO TUDO O QUE ENCONTRAR, PARA ME MOSTRAR QUANDO VOLTAR.

SURPRESO, O DISCÍPULO DEIXOU CAIR O ESPELHO, QUE SE QUEBROU EM SETE PEDAÇOS.

ENQUANTO TENTAVA RECONSTRUIR O ESPELHO, O JOVEM PERCEBEU QUE PODERIA MONTAR AS MAIS DIFERENTES FIGURAS USANDO AQUELAS SETE PEÇAS.

USE ESTAS SETE PEÇAS PARA REPRESENTAR O QUE ENCONTRAR NA VIAGEM.

KÁTIA S. SMOLE; MARIA IGNEZ DINIZ; PATRÍCIA CÂNDIDO. *FIGURAS E FORMAS*. PORTO ALEGRE: ARTMED, 2003. P. 104.

- VOCÊ CONHECE O *TANGRAM*? JÁ MONTOU ALGUMA FIGURA COM AS PEÇAS DO *TANGRAM*? CONVERSE COM OS COLEGAS E O PROFESSOR SOBRE ISSO.

2 OBSERVE A SEGUIR AS PEÇAS DO *TANGRAM* E, DEPOIS, COMPLETE AS FRASES.

A. O *TANGRAM* É UM QUEBRA-CABEÇA COMPOSTO DE _____ PEÇAS.

B. NO DESENHO ACIMA, ESSAS PEÇAS JUNTAS COMPÕEM UM _____.

3 CAROLINA E BIANCA MONTARAM AS FIGURAS A SEGUIR USANDO AS PEÇAS DO *TANGRAM*.

- ESSAS FIGURAS LEMBRAM QUAIS MEIOS DE TRANSPORTE?

_____

PARA EXPLORAR

TANGRAM

NO JOGO *TANGRAM*, VOCÊ PODE MONTAR VÁRIAS FIGURAS USANDO O QUEBRA-CABEÇA CHINÊS. ANTES DE COMEÇAR A JOGAR, CLIQUE EM "MOSTRAR CONTORNOS".

DISPONÍVEL EM: https://www.geniol.com.br/raciocinio/tangram/. ACESSO EM: 19 ABR. 2021.

PROBABILIDADE E ESTATÍSTICA

CONSTRUÇÃO DE GRÁFICOS DE BARRAS

1 MARCELA FEZ UMA PESQUISA COM OS AMIGOS PARA SABER QUANTOS LIVROS CADA UM TINHA LIDO NO ANO PASSADO. OBSERVE O REGISTRO DELA.

- COM O REGISTRO EM MÃOS, MARCELA COMEÇOU A FAZER UM GRÁFICO PARA MOSTRAR OS RESULTADOS DESSA PESQUISA. CONTINUE PINTANDO UM QUADRADINHO DO GRÁFICO PARA CADA LIVRO LIDO PELOS AMIGOS DELA.

DADOS OBTIDOS POR MARCELA.

2 VEJA OS ANIMAIS QUE GERALDO TEM NA FAZENDA DELE.

- GERALDO COMEÇOU A FAZER UM GRÁFICO PARA MOSTRAR QUANTOS ANIMAIS ELE TEM NA FAZENDA. COMPLETE O GRÁFICO, PINTANDO UM QUADRADINHO PARA CADA ANIMAL DA FAZENDA.

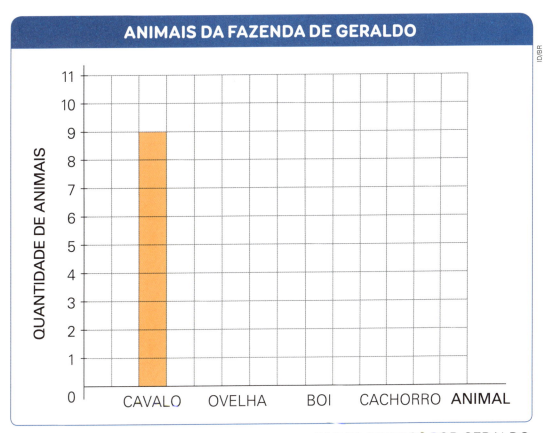

DADOS OBTIDOS POR GERALDO.

FORMANDO PARES

MATERIAL
- CARTAS DAS PÁGINAS 205, 207, 209 E 211.

NÚMERO DE PARTICIPANTES
- 3 JOGADORES.

OBJETIVO
- OBTER A MAIOR QUANTIDADE DE PARES DE CARTAS.

REGRAS

1. DESTAQUE AS CARTAS DAS PÁGINAS 205, 207, 209 E 211 E EMBARALHE-AS. UM DOS JOGADORES DEVE FICAR COM 6 CARTAS, E OS OUTROS DEVEM FICAR COM 5 CARTAS CADA UM.

2. CADA JOGADOR DEVE COLOCAR NA MESA TODOS OS PARES DE CARTAS QUE TEM. AS CARTAS DEVEM ESTAR VIRADAS PARA CIMA, E TODOS PODEM CONFERIR OS PARES. SE O JOGADOR NÃO TIVER NENHUM PAR, NÃO ABAIXA NENHUMA CARTA.

3. DEPOIS QUE TODOS OS JOGADORES COLOCAREM SEUS PARES NA MESA, O JOGADOR À ESQUERDA DAQUELE QUE COMEÇOU COM 6 CARTAS DEVE PEGAR UMA CARTA DA MÃO DESSE JOGADOR. SE ESSE JOGADOR CONSEGUIR FORMAR UM PAR COM ESSA CARTA, DEVE ABAIXAR ESSE PAR E DEIXÁ-LO COM SEUS OUTROS PARES. SE NÃO CONSEGUIR, FICA COM A CARTA E PASSA A VEZ PARA OUTRO JOGADOR.

4. O JOGO TERMINA QUANDO NINGUÉM MAIS TIVER CARTAS NA MÃO. GANHA QUEM TIVER A MAIOR QUANTIDADE DE PARES DE CARTAS.

▶ **DEPOIS DO JOGO**

1. LIGUE CADA CARTA DA ESQUERDA AO SEU PAR.

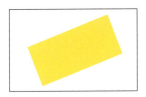 TRIÂNGULO AZUL

 CÍRCULO VERMELHO

 RETÂNGULO AMARELO

 TRIÂNGULO AMARELO

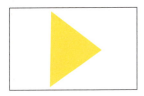 CÍRCULO VERDE

 RETÂNGULO VERDE

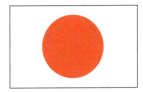 QUADRADO VERMELHO

 QUADRADO AZUL

APRENDER SEMPRE

1 OS ALUNOS AJUDARAM O PROFESSOR A ORGANIZAR A SALA DE AULA. OBSERVE A CENA A SEGUIR E CONTORNE:

A. O PORTA-LÁPIS QUE ESTÁ EM CIMA DA MESA.

B. O COPO QUE ESTÁ DENTRO DO ARMÁRIO.

C. O LIVRO QUE ESTÁ PERTO DA CAIXA DE GIZ.

D. O URSO QUE ESTÁ ENTRE O COPO E O PORTA-LÁPIS.

- VOCÊ COSTUMA AJUDAR NA ORGANIZAÇÃO DA SALA DE AULA? SE SIM, DE QUE MANEIRA? CONTE AOS COLEGAS E AO PROFESSOR.

2 LIGUE CADA OBJETO À FIGURA GEOMÉTRICA PLANA COM QUE ELE SE PARECE.

REPRESENTAÇÃO SEM PROPORÇÃO DE TAMANHO ENTRE OS ELEMENTOS.

| TAPETE | PLACA DE TRÂNSITO | RELÓGIO | AZULEJO |

128 CENTO E VINTE E OITO

3 COM O *TANGRAM*, É POSSÍVEL CRIAR DIVERSAS FIGURAS. GUSTAVO, POR EXEMPLO, CRIOU FIGURAS DE ALGUNS ANIMAIS. OBSERVE AS FIGURAS, DESCUBRA QUAL É O ANIMAL REPRESENTADO EM CADA UMA DELAS E ESCREVA O NOME DELE.

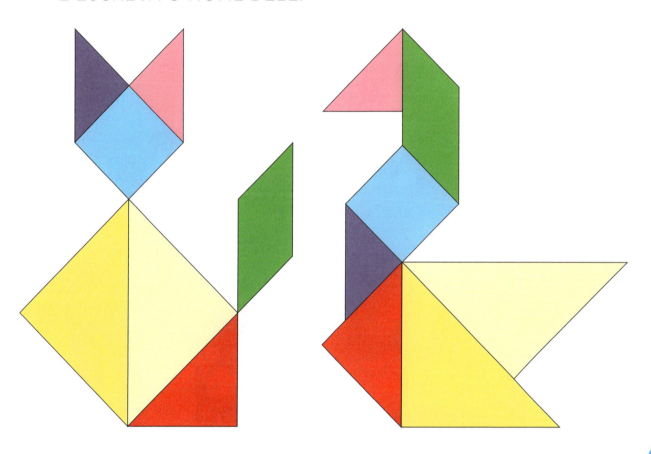

_____   _____

4 MAÍRA ESTÁ FAZENDO UMA FAIXA PARA DECORAR O CADERNO. CONTINUE SEGUINDO O PADRÃO E TERMINE DE PINTAR A FAIXA.

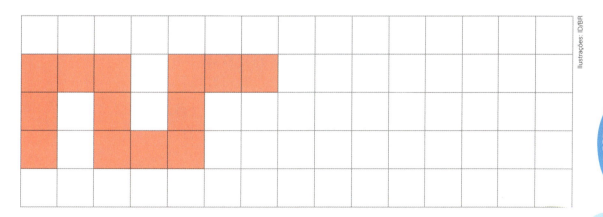

CAPÍTULO 6

MAIS NÚMEROS

ALICE FOI A UMA FEIRA DE LIVROS COM A ESCOLA E GANHOU UM NÚMERO PARA PARTICIPAR DE UM SORTEIO DE LIVROS. ELA ESTÁ EMPOLGADA, PORQUE UM LIVRO QUE ELA QUER MUITO SERÁ SORTEADO.

PARA COMEÇO DE CONVERSA

1. VOCÊ CONHECE TODOS OS NÚMEROS QUE APARECEM NO PAINEL DOS NÚMEROS SORTEADOS?

2. DOS NÚMEROS SORTEADOS, VOCÊ SABE DIZER QUAL É O MAIOR? E O MENOR?

3. O NÚMERO DE ALICE FOI UM DOS SORTEADOS?

4. COMO VOCÊ SE SENTIRIA SE ESTIVESSE NO LUGAR DE ALICE E VISSE QUE SEU NÚMERO NÃO FOI SORTEADO?

SABER SER

NÚMEROS ATÉ 40

1 PINTE 20 PEIXES DE **LARANJA**, 10 PEIXES DE **AMARELO** E O RESTANTE DE **VERDE**.

- QUANTOS PEIXES VOCÊ PINTOU? _____

2 COMPLETE O QUADRO COM OS NÚMEROS QUE FALTAM.

1	2	3	4	5			8	9	
	12				16	17			20
21		23		25	26		28		30
31	32			35		37			40

- AGORA, ESCREVA NOS QUADRINHOS O NÚMERO QUE VEM IMEDIATAMENTE ANTES E O NÚMERO QUE VEM LOGO DEPOIS DO NÚMERO MOSTRADO.

| | 31 | |

| | 36 | |

3 OBSERVE OS PACOTES DE BORRACHAS E, DEPOIS, COMPLETE AS FRASES.

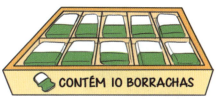

CADA CAIXA TEM _____ DEZENA DE BORRACHAS.

HÁ _____ CAIXAS DE BORRACHAS.

FORA DAS CAIXAS, HÁ _____ BORRACHA.

ENTÃO, HÁ _____ DEZENAS E _____ UNIDADE DE BORRACHAS, OU SEJA, HÁ 40 BORRACHAS.

VEJA COMO PODEMOS REPRESENTAR 40 (QUARENTA) OU 4 DEZENAS COM O MATERIAL DOURADO.

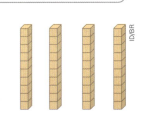

OU

4 COMPLETE CADA SEQUÊNCIA COM OS NÚMEROS QUE FALTAM.

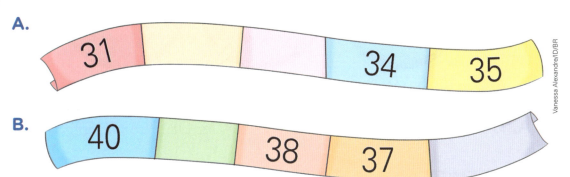

CENTO E TRINTA E TRÊS 133

COMPARAÇÃO DE NÚMEROS ATÉ 40

1 OBSERVE OS NÚMEROS DAS CARTAS QUE VIVI E TALES SORTEARAM NA RODADA DE UM JOGO.

VIVI   TALES

A. QUEM SORTEOU O MAIOR NÚMERO? _____

B. COMO VOCÊ CHEGOU A ESSA CONCLUSÃO? CONVERSE COM OS COLEGAS E O PROFESSOR.

2 NO ALVO DO JOGO DE DARDOS, OS NÚMEROS INDICAM A QUANTIDADE DE PONTOS QUE SE GANHA AO ACERTAR O DARDO EM CADA PARTE COLORIDA.

LUAN, CLARA E VÍTOR FIZERAM UM LANÇAMENTO. OBSERVE A PARTE EM QUE CADA JOGADOR ACERTOU E, DEPOIS, RESPONDA ÀS QUESTÕES.

LUAN   CLARA   VÍTOR

A. QUEM FEZ A MAIOR QUANTIDADE DE PONTOS? _____

B. QUEM FEZ A MENOR QUANTIDADE DE PONTOS? _____

3 OBSERVE A PONTUAÇÃO QUE MARIANA E OS AMIGOS DELA FIZERAM EM UM JOGO E, DEPOIS, RESPONDA ÀS QUESTÕES.

PONTUAÇÃO AO FINAL DO JOGO				
JOGADOR	MARIANA	CARLOS	AMANDA	RAFAELA
PONTUAÇÃO	32	29	40	32

DADOS OBTIDOS POR MARIANA.

A. QUEM FEZ MAIS PONTOS?

_____

B. QUEM FEZ MENOS PONTOS?

_____

C. QUAL FOI O NÚMERO DE PONTOS DE MARIANA?

_____

D. DUAS CRIANÇAS EMPATARAM EM NÚMERO DE PONTOS. ESCREVA O NOME DELAS.

_____

E. O JOGADOR QUE FEZ MENOS PONTOS FEZ MAIS DE 20 PONTOS OU MENOS DE 20 PONTOS?

_____

4 ESCREVA NOS QUADRINHOS:

A. TRÊS NÚMEROS MENORES QUE 40.

☐ ☐ ☐

B. TRÊS NÚMEROS MAIORES QUE 26.

☐ ☐ ☐

DEZENAS INTEIRAS

1 OBSERVE AS PEÇAS DO MATERIAL DOURADO E COMPLETE.

	10 (DEZ) UNIDADES EQUIVALEM A _____ DEZENA.
	_____ (VINTE) UNIDADES EQUIVALEM A _____ DEZENAS.
	_____ (TRINTA) UNIDADES EQUIVALEM A _____ DEZENAS.
	_____ (QUARENTA) UNIDADES EQUIVALEM A _____ DEZENAS.
	_____ (CINQUENTA) UNIDADES EQUIVALEM A _____ DEZENAS.
	_____ (SESSENTA) UNIDADES EQUIVALEM A _____ DEZENAS.
	_____ (SETENTA) UNIDADES EQUIVALEM A _____ DEZENAS.
	_____ (OITENTA) UNIDADES EQUIVALEM A _____ DEZENAS.
	_____ (NOVENTA) UNIDADES EQUIVALEM A _____ DEZENAS.

2 PINTE 3 DEZENAS DE FIGURAS.

3 OBSERVE A IMAGEM ABAIXO E RESPONDA ÀS QUESTÕES.

A. FAÇA UMA ESTIMATIVA E RESPONDA: VOCÊ ACHA QUE HÁ MAIS DE 20 FEIJÕES OU MENOS DE 20 FEIJÕES?

_____

B. FORME GRUPOS DE 10 FEIJÕES. QUANTOS GRUPOS VOCÊ CONSEGUIU FORMAR? _____

C. QUANTOS FEIJÕES HÁ AO TODO? _____

MAIS NÚMEROS

1. REGINA E CLARA ESTÃO ORGANIZANDO AS PEÇAS DE MONTAR EM SAQUINHOS. LEIA O QUE ELAS ESTÃO DIZENDO.

A. HÁ QUANTOS SAQUINHOS CHEIOS DE PEÇAS? _____

B. QUANTAS PEÇAS SOLTAS HÁ SOBRE A MESA? _____

C. AS MENINAS CONSEGUIRÃO ENCHER MAIS UM SAQUINHO?
_____

D. QUANTAS PEÇAS HÁ NOS 4 SAQUINHOS?
_____

E. AO TODO, QUANTAS SÃO AS PEÇAS DE MONTAR? MARQUE COM UM **X** A RESPOSTA CORRETA.

☐ MAIS DE 50 PEÇAS.

☐ MENOS DE 40 PEÇAS.

☐ ENTRE 40 PEÇAS E 50 PEÇAS.

2 OBSERVE OS APONTADORES E RESPONDA À QUESTÃO.

- AO TODO, QUANTOS SÃO OS APONTADORES?

_____

3 PINTE 26 CÍRCULOS DE **AZUL**, 20 CÍRCULOS DE **LARANJA** E 10 CÍRCULOS DE **VERDE**.

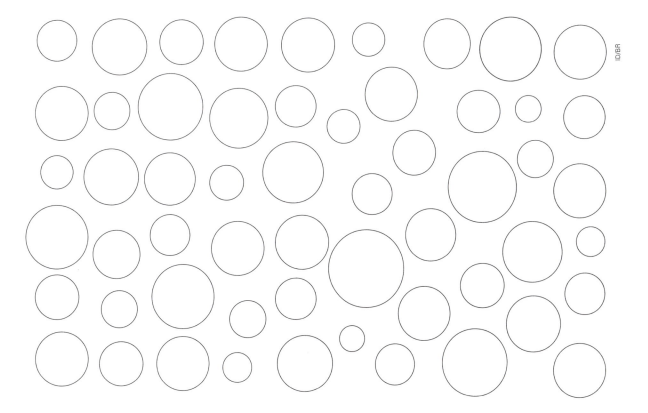

- QUANTOS CÍRCULOS VOCÊ PINTOU AO TODO? _____

4 CONTORNE, COM UMA LINHA, GRUPOS DE 10 BOLINHOS.

A. QUANTAS DEZENAS DE BOLINHOS VOCÊ CONTORNOU?

_____

B. QUANTOS BOLINHOS FICARAM SEM GRUPO? _____

C. QUANTOS BOLINHOS HÁ NO TOTAL?

60 + _____ = _____

HÁ _____ BOLINHOS NO TOTAL.

5 COMPLETE COM A QUANTIDADE CORRETA.

A.

_____ + _____ = _____

AO TODO HÁ _____ BOMBONS.

B.

_____ + _____ = _____

AO TODO HÁ _____ COLAS.

6 OBSERVE COMO KARINA USOU AS FICHAS PARA REPRESENTAR O NÚMERO 78.

AGORA, FAÇA COMO KARINA E DESENHE AS FICHAS DE 10 E DE 1 NECESSÁRIAS PARA REPRESENTAR OS NÚMEROS A SEGUIR.

A. 67

B. 82

7 DESENHE 10 FICHAS DE 10 E 20 FICHAS DE 1 EM UMA FOLHA AVULSA DE PAPEL E RECORTE-AS. DEPOIS, JUNTE-SE A UM COLEGA E FAÇA O QUE SE PEDE A SEGUIR.

A. REPRESENTE O NÚMERO 87 COM SUAS FICHAS. COMPARE SUA REPRESENTAÇÃO COM A DO COLEGA. VOCÊS FIZERAM A MESMA REPRESENTAÇÃO?

B. ESCOLHA UM NÚMERO E REPRESENTE-O COM SUAS FICHAS. DEPOIS, TROQUE DE REPRESENTAÇÃO COM O COLEGA E ESCREVA O NÚMERO QUE ELE REPRESENTOU.

8 VEJA COMO LUCAS E VIVIANE REPRESENTARAM UM NÚMERO USANDO PEÇAS DO MATERIAL DOURADO.

- QUEM REPRESENTOU O NÚMERO 53? CONVERSE COM OS COLEGAS E O PROFESSOR.

9 LIGUE CADA NÚMERO À SUA REPRESENTAÇÃO COM MATERIAL DOURADO.

47

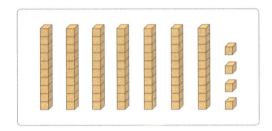

65

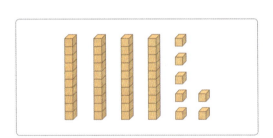

74

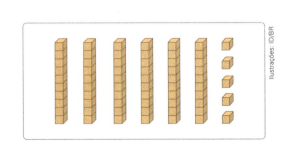

10 LEIA O QUE LUCI ESTÁ DIZENDO, OBSERVE A RETA NUMÉRICA E, DEPOIS, RESPONDA ÀS QUESTÕES.

NESTA RETA NUMÉRICA, OS NÚMEROS AUMENTAM DE 1 EM 1 E ESTÃO ORGANIZADOS DO MENOR NÚMERO PARA O MAIOR NÚMERO.

35 36 37 38 39 40 41 42

A. QUAL NÚMERO É MAIOR: 35 OU 40? _____

B. QUAL NÚMERO É MENOR: 39 OU 41? _____

C. SE AUMENTARMOS ESSA RETA NUMÉRICA, QUAIS SERIAM OS TRÊS PRÓXIMOS NÚMEROS? _____

11 NESTAS CAIXAS ESTÁ INDICADA A QUANTIDADE DE REVISTAS QUE CADA CAIXA CONTÉM.

- CONTORNE A CAIXA QUE CONTÉM A MAIOR QUANTIDADE DE REVISTAS.

12 COMPLETE O QUADRO ABAIXO COM OS NÚMEROS QUE ESTÃO FALTANDO.

0	1	2							
									19
20					25				
								38	
			43						
						56			
				64					
	71								
							87		
		92							

13 COMPLETE CADA SEQUÊNCIA DE ACORDO COM A REGRA.

A. DE UM NÚMERO PARA O OUTRO ADICIONE 1.

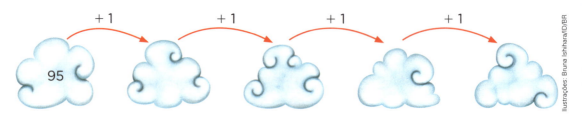

B. DE UM NÚMERO PARA O OUTRO ADICIONE 2.

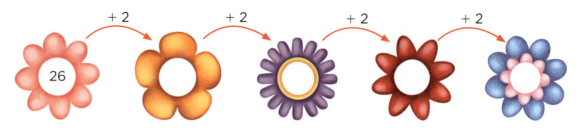

C. DE UM NÚMERO PARA O OUTRO ADICIONE 5.

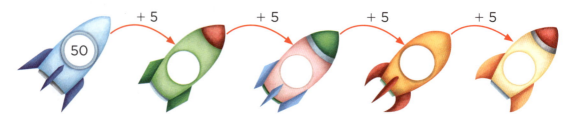

14 OBSERVE OS NÚMEROS NO CARTAZ ABAIXO.

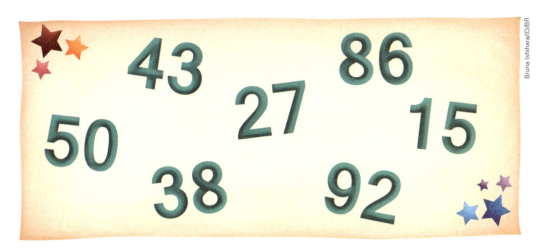

AGORA, ESCREVA ESSES NÚMEROS:

A. DO MENOR PARA O MAIOR.

B. DO MAIOR PARA O MENOR.

15 ALICE E CADU ESTÃO BRINCANDO DE "QUAL É O NÚMERO?". ELA DÁ PISTAS E ELE TENTA DESCOBRIR OS NÚMEROS EM QUE ELA PENSOU. TENTE VOCÊ TAMBÉM!

A. QUAL É O NÚMERO:

- MAIOR QUE 35 E MENOR QUE 37? _____

- MENOR QUE 40 E MAIOR QUE 38? _____

- QUE FICA ENTRE 37 E 39? _____

B. AGORA, O PROFESSOR VAI ESCOLHER ALGUÉM PARA PENSAR EM UM NÚMERO E DAR PISTAS PARA OS COLEGAS DESCOBRIREM O NÚMERO EM QUE ELE PENSOU.

O NÚMERO 100

1 DESCUBRA A REGRA DA SEQUÊNCIA ABAIXO E COMPLETE-A COM OS NÚMEROS QUE ESTÃO FALTANDO.

0	10	20			60			90	100

A. PINTE O CAMINHO COM TODOS OS NÚMEROS DA SEQUÊNCIA ACIMA PARA DESCOBRIR QUAL É O ANIMAL DE ESTIMAÇÃO DE ANDRÉ.

B. QUAL É O ANIMAL DE ESTIMAÇÃO DE ANDRÉ? _____

2 LIGUE TODOS OS PONTOS DE 1 EM 1 E, DEPOIS, RESPONDA À QUESTÃO.

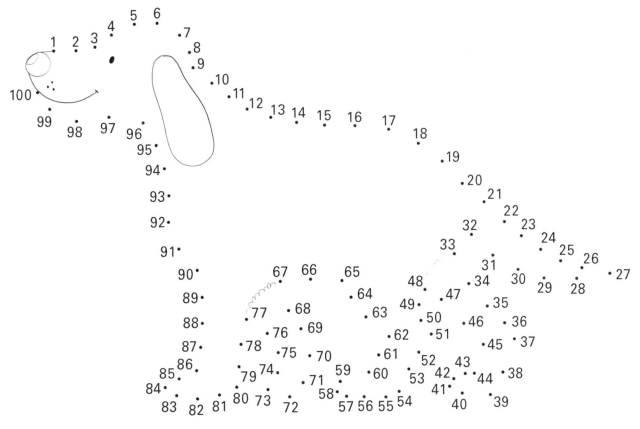

- QUAL FOI A IMAGEM FORMADA? _____

3 MARCELO ORGANIZOU AS FIGURINHAS DELE EM ENVELOPES COM 10 FIGURINHAS CADA UM E DEIXOU ALGUMAS SOLTAS.

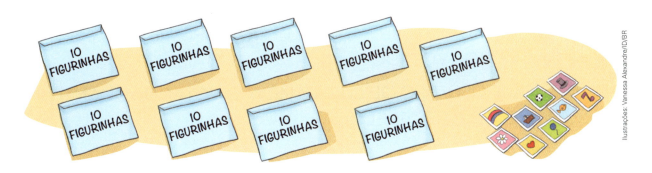

A. QUANTAS FIGURINHAS MARCELO TEM? _____

B. O PRIMO DE MARCELO DEU A ELE MAIS UMA FIGURINHA. COM QUANTAS FIGURINHAS MARCELO FICOU?

PROBABILIDADE E ESTATÍSTICA

TABELAS E GRÁFICOS

1. O PROFESSOR DE ELI FEZ UMA PESQUISA PARA SABER QUE TIPO DE LUGAR OS ALUNOS GOSTARIAM DE VISITAR NAS FÉRIAS. TODOS OS ALUNOS VOTARAM, E CADA ALUNO VOTOU UMA ÚNICA VEZ. O PROFESSOR REGISTROU O RESULTADO DESSA PESQUISA EM UMA TABELA. OBSERVE.

TIPOS DE LUGAR PARA VISITAR NAS FÉRIAS	
TIPO DE LUGAR	QUANTIDADE DE VOTOS
CIDADE	5
CAMPO	4
FLORESTA	5
PRAIA	8
MONTANHA	3

DADOS OBTIDOS PELO PROFESSOR.

A. PINTE AS LINHAS DA TABELA CONFORME A LEGENDA.

▨ TIPO DE LUGAR MENOS VOTADO   ▨ TIPO DE LUGAR MAIS VOTADO

B. QUAL FOI O TIPO DE LUGAR MENOS VOTADO? QUANTOS VOTOS ELE RECEBEU?

_____

C. QUAL FOI O TIPO DE LUGAR MAIS VOTADO PELOS ALUNOS? QUANTOS VOTOS ELE RECEBEU? _____

D. QUAIS TIPOS DE LUGAR RECEBERAM O MESMO NÚMERO DE VOTOS? _____

2 DEPOIS DE MONTAR A TABELA, O PROFESSOR DE ELI COMEÇOU A ORGANIZAR UM GRÁFICO. OBSERVE.

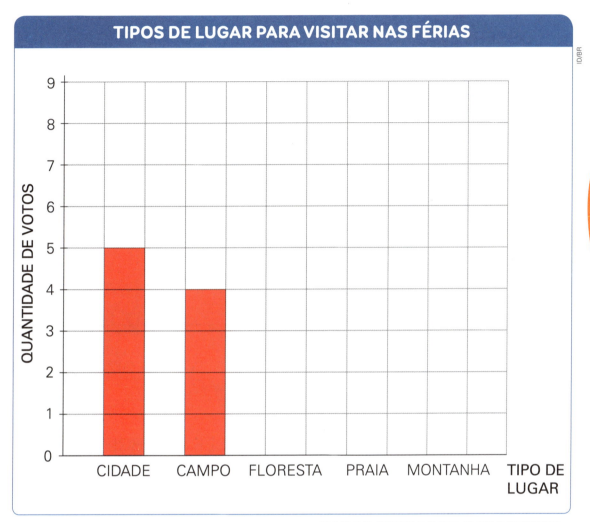

DADOS OBTIDOS PELO PROFESSOR.

A. USANDO OS DADOS DA TABELA DA ATIVIDADE **1**, TERMINE O GRÁFICO. PARA ISSO, CONTINUE PINTANDO UM QUADRADINHO DO GRÁFICO PARA CADA VOTO QUE OS TIPOS DE LUGAR RECEBERAM.

B. CONTORNE O TÍTULO DO GRÁFICO.

C. QUANTAS BARRAS TEM ESSE GRÁFICO? _____

D. PARA SABER QUAIS TIPOS DE LUGAR RECEBERAM A MESMA QUANTIDADE DE VOTOS, EM SUA OPINIÃO É MELHOR OBSERVAR A TABELA OU O GRÁFICO? CONVERSE COM OS COLEGAS E O PROFESSOR.

APRENDER SEMPRE

1 OBSERVE COMO OS GIZES DE CERA ESTÃO ORGANIZADOS E, DEPOIS, COMPLETE AS LACUNAS.

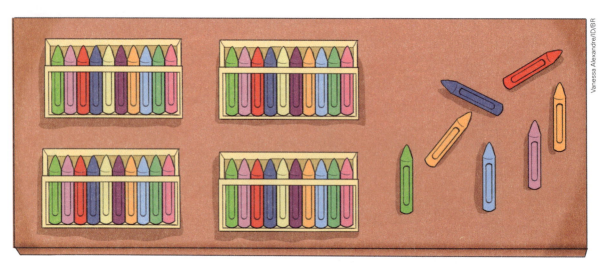

SOBRE A MESA HÁ _____ CAIXAS COM 10 GIZES DE CERA CADA UMA E _____ GIZES DE CERA SOLTOS.

AO TODO HÁ _____ GIZES DE CERA SOBRE A MESA.

SE MAIS UMA CAIXA IGUAL A ESSAS FOR COLOCADA SOBRE A MESA, AO TODO SERÃO _____ GIZES DE CERA.

2 DESCUBRA O NÚMERO EM QUE CADA CRIANÇA PENSOU.

PENSEI EM UM NÚMERO MENOR QUE 53.

PENSEI EM UM NÚMERO MAIOR QUE 78.

O NÚMERO QUE PENSEI É O ÚLTIMO NÚMERO DA SEQUÊNCIA QUE COMEÇA EM 1 E TERMINA EM 100.

3 A ESCOLA ONDE LUÍS ESTUDA ORGANIZOU UMA CAMPANHA DE DOAÇÃO DE ROUPAS. OBSERVE NO GRÁFICO ABAIXO A QUANTIDADE DE CADA TIPO DE ROUPA ARRECADADA NO 1º DIA DA CAMPANHA.

DADOS FORNECIDOS PELA ESCOLA.

A. QUAL FOI O TIPO DE ROUPA MAIS ARRECADADO?

_____

B. QUAL FOI O TIPO DE ROUPA MENOS ARRECADADO?

_____

C. VOCÊ ACHA IMPORTANTE HAVER CAMPANHAS DESSE TIPO? CONVERSE COM OS COLEGAS E O PROFESSOR.

4 ABRA SEU LIVRO DE MATEMÁTICA EM UMA PÁGINA CUJO NÚMERO SEJA FORMADO SOMENTE PELO 2 E PELO 4. DEPOIS, COMPARE A PÁGINA QUE VOCÊ ABRIU COM A DOS COLEGAS E VERIFIQUE SE TODOS CHEGARAM AO MESMO NÚMERO DE PÁGINA.

CAPÍTULO 7

MAIS ADIÇÃO E SUBTRAÇÃO

COMO É DIVERTIDO BRINCAR! MAIARA E OS AMIGOS ESTÃO NA QUADRA BRINCANDO COM BOLAS DE GUDE.

PARA COMEÇO DE CONVERSA

1. MAIARA É A GAROTA DE CAMISETA AZUL. QUANTAS BOLINHAS DE GUDE CADA UM DE SEUS AMIGOS TEM?

2. MAIARA TINHA 8 BOLAS DE GUDE. QUANDO TERMINOU SUA JOGADA, CONSEGUIU MAIS 4. COM QUANTAS BOLAS DE GUDE MAIARA FICOU NO TOTAL?

3. QUANTAS BOLAS DE GUDE AS CRIANÇAS AINDA PODEM GANHAR NESSA PARTIDA?

4. EM SUA VEZ DE JOGAR, ALBERTO NÃO CONSEGUIU ACERTAR NENHUMA BOLA DE GUDE. COMO VOCÊ SE SENTIRIA SE ESTIVESSE NO LUGAR DELE?

SABER SER

MAIS ADIÇÕES

1 VALÉRIA COLOCOU ALGUMAS FRUTAS SOBRE A MESA.

A. QUANTAS BANANAS HÁ EM CIMA DA MESA? _____

B. QUANTAS LARANJAS HÁ EM CIMA DA MESA? _____

C. QUANTAS FRUTAS HÁ EM CIMA DA MESA? _____

2 OBSERVE AS TAMPAS DE GARRAFA QUE FLÁVIO E GABRIELA TÊM.

A. QUANTAS TAMPAS FLÁVIO TEM? _____

B. QUANTAS TAMPAS GABRIELA TEM? _____

C. QUANTAS TAMPAS OS DOIS TÊM JUNTOS? _____

3 OBSERVE COMO REGINA FEZ PARA SABER QUANTOS LÁPIS HAVIA NO ESTOJO DELA.

- AGORA, COMPLETE A ADIÇÃO:

_____ + _____ = _____
LÁPIS DE COLORIR   LÁPIS DE ESCREVER   TOTAL DE LÁPIS

4 OBSERVE COMO PATRÍCIA E RAQUEL ANOTARAM OS PONTOS QUE FIZERAM EM UM JOGO.

JOGADORA	PONTUAÇÃO
PATRÍCIA	⊠ ⊠ ⊠ │
RAQUEL	⊠ ⊠ ☐

A. QUANTOS PONTOS PATRÍCIA FEZ? E RAQUEL?

_____

B. QUANTOS PONTOS AS DUAS FIZERAM JUNTAS?

_____

5 PARA CALCULAR O RESULTADO DA ADIÇÃO 11 + 14, ADRIANA USOU AS PEÇAS DO MATERIAL DOURADO. OBSERVE.

- COMPLETE A ADIÇÃO QUE ADRIANA REPRESENTOU:

_____ + _____ = _____

6 PAULO ESTÁ ORGANIZANDO SEUS LIVROS EM UMA CAIXA.

A. QUANTOS LIVROS PAULO ORGANIZOU NA CAIXA?

_____

B. QUANTOS LIVROS FALTAM SER COLOCADOS NA CAIXA?

_____

C. A CAIXA FICARÁ COM QUANTOS LIVROS DEPOIS QUE PAULO ACRESCENTAR OS QUE ESTÃO EM CIMA DA MESA?

_____

7 VEJA ABAIXO OS DOIS TIPOS DE EMBALAGEM DE CARRINHOS QUE FELIPE GANHOU.

A. QUANTOS CARRINHOS HÁ NA EMBALAGEM VERMELHA?

_____

B. QUANTOS CARRINHOS HÁ NA EMBALAGEM VERDE?

_____

C. ORGANIZE AS FRASES ABAIXO E REESCREVA-AS PARA FORMAR UM PROBLEMA.

> UMA EMBALAGEM TEM 10 CARRINHOS, E A OUTRA EMBALAGEM TEM 7 CARRINHOS.

> QUANTOS CARRINHOS FELIPE GANHOU?

> FELIPE GANHOU DUAS EMBALAGENS COM CARRINHOS.

_____

_____

_____

D. AGORA, RESOLVA O PROBLEMA QUE VOCÊ ESCREVEU E ANOTE A RESPOSTA ABAIXO.

MAIS SUBTRAÇÕES

1 A MÃE DE PRISCILA COMPROU ALGUMAS MAÇÃS. OBSERVE AS CENAS E, DEPOIS, COMPLETE AS FRASES.

HÁ _____ MAÇÃS SOBRE A MESA.

PRISCILA COLOCOU _____ MAÇÃS NA BANDEJA.

A. QUANTAS MAÇÃS FICARAM FORA DA BANDEJA?

_____

B. AGORA, COMPLETE A SUBTRAÇÃO: 18 − 6 = _____

2 OBSERVE COMO PEDRO CALCULOU O RESULTADO DA SUBTRAÇÃO 26 − 12 USANDO AS PEÇAS DO MATERIAL DOURADO.

PRIMEIRO, REPRESENTEI O NÚMERO 26 USANDO 2 BARRINHAS E 6 CUBINHOS.

PARA SUBTRAIR 12 DE 26, VOU RETIRAR 1 BARRINHA E 2 CUBINHOS. COMEÇO TIRANDO 1 BARRINHA.

AGORA, TIRO 2 CUBINHOS.

PARA SABER O RESULTADO DESSA SUBTRAÇÃO, VOU DESCOBRIR QUE NÚMERO ESTÁ REPRESENTADO COM AS PEÇAS QUE RESTARAM.

A. QUE NÚMERO ESTÁ REPRESENTADO COM AS PEÇAS QUE RESTARAM? _____

B. AGORA, COMPLETE A SUBTRAÇÃO: 26 − 12 = _____

3 SÔNIA TRABALHA EM UMA LOJA QUE VENDE MATERIAL ESCOLAR. VEJA O QUE ELA DIZ.

HOJE FORAM VENDIDOS ALGUNS TUBOS DE COLA BRANCA. NO INÍCIO DO DIA, ESSA CAIXA ESTAVA CHEIA, E, AO LONGO DO DIA, RETIREI 9 TUBOS DE COLA QUE FORAM VENDIDOS.

CONTÉM 20 TUBOS DE COLA BRANCA

A. DESENHE NO ESPAÇO ABAIXO OS TUBOS DE COLA QUE HAVIA NA CAIXA QUANDO ELA ESTAVA CHEIA.

B. AGORA, MARQUE COM UM **X** OS TUBOS DE COLA QUE FORAM VENDIDOS.

C. QUANTOS TUBOS DE COLA RESTARAM NA CAIXA?

D. ESCREVA UMA SUBTRAÇÃO QUE REPRESENTE ESSA SITUAÇÃO.

4 OBSERVE AS CENAS ABAIXO.

A. PENSANDO NESSAS CENAS, ORGANIZE AS FRASES ABAIXO E REESCREVA-AS PARA FORMAR UM PROBLEMA.

> COM QUANTOS BALÕES MIGUEL FICOU?
> ELE DEU 6 BALÕES A GABRIELA.
> MIGUEL TINHA 12 BALÕES.

B. AGORA, RESOLVA O PROBLEMA QUE VOCÊ ESCREVEU E ANOTE A RESPOSTA ABAIXO.

PROBABILIDADE E ESTATÍSTICA

NOÇÕES INICIAIS DE PROBABILIDADE

1 TADEU VAI SORTEAR UM DOS AMIGOS PARA GANHAR UM CACHECOL QUE ELE FEZ. PARA ISSO, ELE ESCREVEU O NOME DE CADA AMIGO EM UM PEDAÇO DE PAPEL E COLOCOU OS PAPÉIS DENTRO DE UM SAQUINHO.

A. PINTE OS NOMES QUE PODEM SER SORTEADOS POR TADEU.

AMANDA	BRENO	DÊNIS	VITÓRIA	GABRIEL
ROSANA	MAURÍCIO	CAROLINA	NATÁLIA	LÍLIAN
PEDRO	CAMILA	JÉSSICA	LARISSA	LUÍS

B. ESCREVA UM NOME QUE SEJA **IMPOSSÍVEL** SER SORTEADO.

_____

C. VOCÊ ACHA QUE **COM CERTEZA** UMA MULHER VAI SER SORTEADA? POR QUÊ? CONTE AOS COLEGAS E AO PROFESSOR.

2 ADRIANA E CAUÃ ESTÃO BRINCANDO COM UM BARALHO DE 10 CARTAS NUMERADAS DE 1 A 10.

- ADRIANA ESCOLHEU AO ACASO DUAS CARTAS DO BARALHO, SEM VER OS NÚMEROS DELAS. ELA PODE TER OBTIDO 20 PONTOS? POR QUÊ? CONTE AOS COLEGAS E AO PROFESSOR.

3 IOLANDA E ÍGOR ESTÃO BRINCANDO DE ARREMESSAR DARDOS. NO JOGO DELES, CADA JOGADOR PODE ARREMESSAR DOIS DARDOS EM SUA JOGADA.

A. VEJA ABAIXO COMO FICOU O ALVO DEPOIS DA JOGADA DE IOLANDA.

QUANTOS PONTOS IOLANDA FEZ NESSA JOGADA?

_____

B. MARQUE COM UM **X** A FRASE CORRETA.

☐ EM SUA JOGADA, ÍGOR PODE FAZER MAIS DE 100 PONTOS.

☐ EM SUA JOGADA, ÍGOR COM CERTEZA VAI FAZER 100 PONTOS.

☐ EM SUA JOGADA, É IMPOSSÍVEL ÍGOR FAZER MAIS DE 100 PONTOS.

JOGO DOS DADOS

MATERIAL

- 2 DADOS.
- FOLHA DE PAPEL AVULSA.
- LÁPIS DE COR.

NÚMERO DE PARTICIPANTES

- 2 JOGADORES.

OBJETIVO

- PINTAR TODOS OS NÚMEROS DA CARTELA.

REGRAS

1. USANDO A FOLHA DE PAPEL AVULSA, FAÇA UMA CARTELA COMO A DO MODELO ABAIXO.

CARTELA – JOGO DOS DADOS				
1	2	3	4	5

2. CADA JOGADOR FICA COM UMA CARTELA E LANÇA UM DADO. QUEM CONSEGUIR O MAIOR NÚMERO COMEÇA O JOGO.

3. O PRIMEIRO JOGADOR LANÇA OS 2 DADOS E COMPARA OS PONTOS OBTIDOS EM CADA UM. DEPOIS, TIRA A MENOR PONTUAÇÃO DA MAIOR E PINTA O RESULTADO NA CARTELA. SE A PONTUAÇÃO DE UM DADO FOR IGUAL À DO OUTRO, O JOGADOR LANÇA OS DADOS NOVAMENTE.

4. O JOGO CONTINUA COM O SEGUNDO JOGADOR FAZENDO O MESMO QUE O PRIMEIRO. DEPOIS, UMA NOVA RODADA COMEÇA.

5. SE ALGUM JOGADOR CHEGAR A UM RESULTADO JÁ PINTADO NA CARTELA OU SE ERRAR O CÁLCULO, DEVE PASSAR A VEZ.

6. QUEM PINTAR PRIMEIRO TODOS OS NÚMEROS DA CARTELA VENCE O JOGO.

DEPOIS DO JOGO

1 OBSERVE OS DADOS E ANOTE NO QUADRINHO O VALOR QUE DEVERÁ SER PINTADO NA CARTELA. EM SEGUIDA, COMPLETE AS FRASES.

A. _____ PONTOS MENOS _____ PONTO É IGUAL A _____ PONTOS.

B. _____ PONTOS MENOS _____ PONTOS É IGUAL A _____ PONTOS.

C. _____ PONTOS MENOS _____ PONTOS É IGUAL A _____ PONTO.

D. _____ PONTOS MENOS _____ PONTOS É IGUAL A _____ PONTOS.

E. _____ PONTOS MENOS _____ PONTOS É IGUAL A _____ PONTOS.

2 AO JOGAR OS DADOS, É POSSÍVEL OBTER DIFERENTES PONTUAÇÕES QUE DARÃO O MESMO RESULTADO? CONVERSE COM OS COLEGAS E O PROFESSOR.

PESSOAS E LUGARES

APRENDENDO MATEMÁTICA COM PARLENDAS

AS PARLENDAS SÃO VERSOS RECITADOS EM BRINCADEIRAS INFANTIS. NÃO É POSSÍVEL SABER QUEM INVENTOU CADA PARLENDA NEM QUANDO FORAM CRIADAS, MAS FICAM NA MEMÓRIA E SÃO PASSADAS DE GERAÇÃO EM GERAÇÃO. POR ISSO, PODE HAVER DIFERENTES VERSÕES DE UMA MESMA PARLENDA DE ACORDO COM A ÉPOCA E O LOCAL ONDE SE VIVE.

LEIA A SEGUIR DUAS VERSÕES DA PARLENDA *SALADA, SALADINHA*. A PRIMEIRA TEVE ORIGEM NO MUNICÍPIO DE MARANGUAPE, NO CEARÁ, E A SEGUNDA TEVE ORIGEM NO MUNICÍPIO DE SÃO PAULO, EM SÃO PAULO.

SALADA, SALADINHA
(ORIGEM: MARANGUAPE, CEARÁ)
SALADA, SALADINHA
BEM TEMPERADINHA
COM SAL, SEM SAL
CEBOLA, COLORAU
PULA DENTRO, PULA FORA
ESTICA A CORDA E VAI EMBORA.

DOMÍNIO PÚBLICO.

SALADA, SALADINHA
(ORIGEM: SÃO PAULO, SÃO PAULO)
SALADA, SALADINHA
BEM TEMPERADINHA
COM SAL, PIMENTA
FOGO, FOGUINHO, FOGÃO!

DOMÍNIO PÚBLICO.

AS PARLENDAS PODEM ACOMPANHAR BRINCADEIRAS COM PALMAS, BRINCADEIRAS DE PULAR CORDA, ENTRE OUTRAS. ISSO TAMBÉM PODE VARIAR DE UM LOCAL PARA OUTRO E DE UMA ÉPOCA PARA OUTRA. AS PARLENDAS REPRESENTAM UM IMPORTANTE ASPECTO DE NOSSA CULTURA.

ALÉM DE DIVERTIR, AS PARLENDAS PODEM ENSINAR. VEJA, AO LADO, O EXEMPLO DE UMA PARLENDA QUE ENVOLVE NÚMEROS.

UM, DOIS, FEIJÃO COM ARROZ.
TRÊS, QUATRO, FEIJÃO NO PRATO.
CINCO, SEIS, BOLO INGLÊS.
SETE, OITO, COMER BISCOITO.
NOVE, DEZ, COMER PASTÉIS.

DOMÍNIO PÚBLICO.

1. VOCÊ JÁ CONHECIA AS PARLENDAS APRESENTADAS NESTA SEÇÃO?

2. VOCÊ CONHECE OUTRAS PARLENDAS? E OUTRAS PARLENDAS QUE ENVOLVEM NÚMEROS? SE SIM, QUAIS?

3. REÚNA-SE COM UM COLEGA PARA CRIAR UMA PARLENDA NO CADERNO COMO AS APRESENTADAS NESTAS PÁGINAS, QUE FALE DE ADIÇÃO OU DE SUBTRAÇÃO.

APRENDER SEMPRE

1 A PROFESSORA NATÁLIA PERGUNTOU AOS ALUNOS SE ELES JÁ HAVIAM VISITADO UM ZOOLÓGICO. TODOS OS ALUNOS RESPONDERAM À PERGUNTA. DEPOIS, A PROFESSORA REGISTROU EM UM GRÁFICO AS RESPOSTAS OBTIDAS. OBSERVE O GRÁFICO E RESPONDA ÀS QUESTÕES.

DADOS OBTIDOS PELA PROFESSORA NATÁLIA.

A. QUANTOS ALUNOS JÁ VISITARAM UM ZOOLÓGICO? _____

B. QUANTOS ALUNOS NÃO VISITARAM UM ZOOLÓGICO? _____

C. AO TODO, QUANTOS ALUNOS RESPONDERAM À PERGUNTA DA PROFESSORA? _____

2 LEIA O QUE MELISSA DISSE SOBRE SUA COLEÇÃO DE ÍMÃS.

ESTA É A MINHA COLEÇÃO DE ÍMÃS. VOU SEPARAR 12 ÍMÃS PARA MINHA PRIMA.

A. QUANTOS ÍMÃS HÁ NA COLEÇÃO DE MELISSA? _____

B. QUANTOS ÍMÃS MELISSA VAI DAR À SUA PRIMA? _____

C. COM QUANTOS ÍMÃS MELISSA VAI FICAR? _____

D. VOCÊ JÁ DEU ALGUMA COISA SUA A UM AMIGO OU PARENTE? CONVERSE SOBRE ISSO COM OS COLEGAS E O PROFESSOR.

3 COM A PROFESSORA, OS ALUNOS CONFECCIONARAM 26 CARTAZES COM AS LETRAS DO ALFABETO E JÁ PENDURARAM 14 CARTAZES NA SALA DE AULA. DESENHE OS CARTAZES QUE FALTAM SER PENDURADOS.

- QUANTOS CARTAZES VOCÊ DESENHOU? _____

CAPÍTULO 8

GRANDEZAS E MEDIDAS

MARIANA E O PAI DELA FORAM À FEIRA. LÁ, ELES COMERAM PASTEL.

PARA COMEÇO DE CONVERSA

1. O QUE É MAIS PESADO: UMA MELANCIA OU UM LIMÃO?

2. EM QUAL RECIPIENTE CABE MAIS CALDO DE CANA: NO COPO OU NA GARRAFA?

3. UM RAPAZ ESTÁ ENTREGANDO UMA CÉDULA DE 5 REAIS NA BARRACA DE CALDO DE CANA. ELE CONSEGUE COMPRAR UM COPO DE CALDO DE CANA?

4. UMA AMIGA DA SEGUNDA PESSOA QUE ESTÁ NA FILA DA BARRACA DE CALDO DE CANA ACABOU DE CHEGAR E, APROVEITANDO QUE A AMIGA ESTAVA NA FILA, PASSOU NA FRENTE DAS OUTRAS PESSOAS. COMO VOCÊ ACHA QUE ESSAS PESSOAS SE SENTIRAM?

COMPARANDO COMPRIMENTOS

1 A PROFESSORA DO 1º ANO É MAIS **ALTA** QUE TODOS OS ALUNOS. OBSERVE.

- CONTORNE O ALUNO MAIS **BAIXO**.

2 AS CRIANÇAS ESTÃO OLHANDO OS QUADROS NA PAREDE DA ESCOLA.

- PINTE DE AZUL O QUADRO QUE FOI PENDURADO MAIS **BAIXO** E DE VERMELHO O QUADRO QUE FOI PENDURADO MAIS **ALTO**.

3 OBSERVE OS LÁPIS E FAÇA O QUE SE PEDE.

A. PINTE DE AZUL O LÁPIS MAIS **COMPRIDO**.

B. PINTE DE LARANJA O LÁPIS MAIS **CURTO**.

4 PARA CHEGAR A ALGUNS LOCAIS DO SÍTIO ONDE MORA, JUAREZ PODE SEGUIR POR DIFERENTES CAMINHOS. OBSERVE.

A. SE JUAREZ SEGUIR PELO CAMINHO MAIS **ESTREITO**, A QUE LOCAL ELE CHEGARÁ? _____

B. O CAMINHO MAIS **LARGO** TERMINA NO POMAR OU NA PORTEIRA? _____

5 OBSERVE A CERCA DO JARDIM DE UMA PRAÇA E, DEPOIS, FAÇA O QUE SE PEDE.

A. PINTE AS MADEIRAS MAIS **FINAS** DE **VERDE**.

B. PINTE AS MADEIRAS MAIS **GROSSAS** DE **ROXO**.

6 OBSERVE O TRECHO DO RIO ABAIXO E, DEPOIS, FAÇA O QUE SE PEDE.

A. DESENHE UM BARCO NO TRECHO MAIS **LARGO** DO RIO.

B. DESENHE UMA PONTE SOBRE O TRECHO MAIS **ESTREITO** DO RIO.

LEIA AS DICAS E LIGUE CADA MENINA AO SEU NOME.

FABIANA É A MENINA DE CABELO MAIS COMPRIDO.
CARLA É A MENINA MAIS ALTA.
HELENA É A MENINA DE CABELO MAIS CURTO.
LÚCIA É A MENINA MAIS BAIXA.

LÚCIA   CARLA   FABIANA   HELENA

- ESCREVA OS NOMES DAS MENINAS ORDENANDO DA MENINA MAIS **BAIXA** PARA A MAIS **ALTA**.

USANDO OS NÚMEROS DE 1 A 4, INDIQUE A ORDEM DOS LIVROS DO MAIS FINO PARA O MAIS GROSSO.

   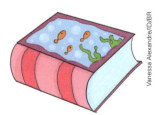

CENTO E SETENTA E CINCO

COMPARANDO MASSAS

1 CARLOS VAI GUARDAR ALGUNS OBJETOS NA MOCHILA. OBSERVE.

A. PINTE DE **AZUL** O OBJETO MAIS **LEVE** QUE ESTÁ SOBRE A MESA.

B. PINTE DE **VERDE** O OBJETO MAIS **PESADO** QUE ESTÁ SOBRE A MESA.

2 DENISE ESTÁ PESANDO FRUTAS NA BALANÇA. OBSERVE CADA SITUAÇÃO E MARQUE COM UM **X** A RESPOSTA CORRETA.

A. QUAL É A FRUTA MAIS PESADA?

B. QUAL É A FRUTA MAIS LEVE?

176 CENTO E SETENTA E SEIS

3 OBSERVE OS ANIMAIS EM CADA FOTO.

REPRESENTAÇÃO SEM PROPORÇÃO DE TAMANHO ENTRE OS ELEMENTOS.

▲ CACHORRO DA RAÇA *YORKSHIRE*.

▲ ELEFANTE AFRICANO.

▲ PÁSSARO SABIÁ-DE--CABEÇA-LARANJA.

AGORA, COMPLETE AS FRASES USANDO AS PALAVRAS **PESADO** OU **LEVE**.

A. O CACHORRO É MAIS _____ QUE O ELEFANTE.

B. O PÁSSARO É MAIS _____ QUE O CACHORRO.

C. O ELEFANTE É MAIS _____ QUE O CACHORRO.

D. O PÁSSARO É O ANIMAL MAIS _____.

E. O ELEFANTE É O ANIMAL MAIS _____.

4 DESENHE NO ESPAÇO ABAIXO, DO MAIS LEVE PARA O MAIS PESADO, TRÊS OBJETOS DIFERENTES QUE VOCÊ ENCONTRA NA SALA DE AULA.

COMPARANDO CAPACIDADES

1 MARCOS VENDE ÁGUA DE COCO EM UM QUIOSQUE NA ORLA DA PRAIA. OBSERVE AO LADO AS GARRAFAS QUE ELE UTILIZA.

A. EM QUAL DESSAS GARRAFAS CABE MAIS ÁGUA DE COCO?

_____

B. EM QUAL DAS GARRAFAS CABE MENOS ÁGUA DE COCO?

_____

2 NÉLSON PREPAROU SUCO DE LARANJA E PODE ESCOLHER ENTRE DOIS MODELOS DE COPO PARA SERVIR ESSE SUCO. VEJA O QUE NÉLSON DIZ E, DEPOIS, FAÇA O QUE SE PEDE.

- MARQUE COM UM **X** O COPO QUE NÉLSON VAI USAR PARA SERVIR O SUCO DE LARANJA.

3 OBSERVE A IMAGEM E, DEPOIS, FAÇA O QUE SE PEDE.

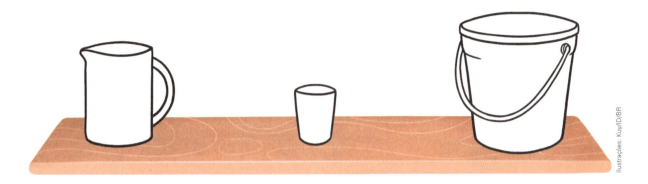

A. PINTE O RECIPIENTE EM QUE CABE MAIS ÁGUA.

B. CONTORNE O RECIPIENTE EM QUE CABE MENOS ÁGUA.

4 VEJA O QUE CADA CRIANÇA DIZ E LIGUE CADA UMA AO SEU COPO COM SUCO.

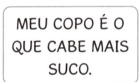

ALINE

GILMAR

OTÁVIO

O DIA

1 REÚNA-SE COM UM COLEGA E USE OS NÚMEROS DE 1 A 4 PARA NUMERAR OS QUADRINHOS NA ORDEM DOS ACONTECIMENTOS. DEPOIS, ELABOREM UMA HISTÓRIA.

A. EM QUE PERÍODO DO DIA AS CRIANÇAS JANTARAM?

☐ À NOITE.   ☐ DURANTE O DIA.

B. EM QUE PERÍODO DO DIA OCORREU CADA ACONTECIMENTO? COMO VOCÊS DESCOBRIRAM? CONVERSE COM OS COLEGAS E O PROFESSOR.

C. O PROFESSOR VAI ESCOLHER UMA DUPLA PARA CONTAR A HISTÓRIA QUE ELA ELABOROU.

2 DESENHE UMA ATIVIDADE QUE VOCÊ FAZ:

A. NO PERÍODO DA MANHÃ.

B. NO PERÍODO DA TARDE.

C. NO PERÍODO DA NOITE.

OS DIAS DA SEMANA

1 PARA ANA E CAIO, DOMINGO É DIA DE DESCANSAR E DE BRINCAR. LEIA O QUE ELES ESTÃO DIZENDO.

OBSERVE A SEQUÊNCIA DE FICHAS A SEGUIR COM OS NOMES DOS DIAS DA SEMANA.

| DOMINGO | SEGUNDA-FEIRA | TERÇA-FEIRA | QUARTA-FEIRA | QUINTA-FEIRA | SEXTA-FEIRA | SÁBADO |

A. PINTE AS FICHAS ACIMA DE ACORDO COM AS CORES INDICADAS NA LEGENDA A SEGUIR.

🟦 OS DIAS EM QUE VOCÊ TEM AULA NA ESCOLA.

🟥 OS DIAS EM QUE VOCÊ PODE FICAR EM CASA OU PODE PASSEAR COM SUA FAMÍLIA.

B. QUANTOS DIAS VOCÊ VAI À ESCOLA DURANTE A SEMANA?

C. QUANTOS DIAS UMA SEMANA TEM?

D. QUAL É SEU DIA DA SEMANA PREFERIDO? O QUE VOCÊ GOSTA DE FAZER NESSE DIA? CONTE AOS COLEGAS E AO PROFESSOR.

2 OS ALUNOS DO 1º ANO ESTÃO VENDO QUAIS SERÃO AS HISTÓRIAS QUE ELES VÃO LER DURANTE A SEMANA.

DE ACORDO COM A CONVERSA DA CENA ACIMA, RESPONDA ÀS PERGUNTAS.

A. QUE DIA SERÁ AMANHÃ? _____

B. E QUE DIA FOI ONTEM? _____

3 DESENHE UMA ATIVIDADE QUE VOCÊ FEZ ONTEM.

O CALENDÁRIO

1 OBSERVE O CALENDÁRIO ANUAL DE 2023 E, DEPOIS, RESPONDA ÀS QUESTÕES.

A. UM ANO TEM QUANTOS MESES? _____

B. O QUE SIGNIFICAM AS LETRAS **D, S, T, Q, Q, S E S** NO CALENDÁRIO?

C. O PRIMEIRO DIA DO ANO DE 2023 FOI EM QUE DIA DA SEMANA? _____

D. QUAL É O MÊS DE SEU ANIVERSÁRIO? QUANTOS DIAS ESSE MÊS TEM? _____

2 RESPONDA ÀS QUESTÕES.

A. QUE DIA É O PRIMEIRO SÁBADO DESTE MÊS? _____

B. QUANTOS DOMINGOS TEM ESTE MÊS? _____

C. QUAIS DIAS DESTE MÊS SÃO QUINTAS-FEIRAS? _____

_____

3 OS MESES DO ANO TAMBÉM PODEM SER REPRESENTADOS POR NÚMEROS. COMPLETE OS QUADROS COM OS NÚMEROS QUE FALTAM.

1	JANEIRO
2	FEVEREIRO
3	MARÇO
	ABRIL
5	MAIO
	JUNHO

7	JULHO
	AGOSTO
9	SETEMBRO
	OUTUBRO
	NOVEMBRO
12	DEZEMBRO

4 QUEM NASCEU EM 14 DE OUTUBRO DE 2013 PODE ESCREVER ESSA DATA ASSIM:

14/10/2013
DIA — NÚMERO DO MÊS — ANO

AGORA, ESCREVA O QUE SE PEDE.

A. O DIA DE HOJE: _____/_____/_____

B. A DATA DE SEU NASCIMENTO: _____/_____/_____

CONHECENDO O DINHEIRO BRASILEIRO

1 CONVERSE COM OS COLEGAS E O PROFESSOR SOBRE AS QUESTÕES A SEGUIR.

    A. EM QUE SITUAÇÕES USAMOS DINHEIRO?

    B. VOCÊ JÁ USOU DINHEIRO PARA PAGAR ALGO? CONTE COMO FOI.

2 O DINHEIRO BRASILEIRO É FORMADO POR CÉDULAS E MOEDAS DE DIFERENTES VALORES. COMPLETE OS ESPAÇOS COM OS VALORES DAS CÉDULAS E DAS MOEDAS ABAIXO.

REPRESENTAÇÃO SEM PROPORÇÃO DE TAMANHO ENTRE OS ELEMENTOS.

2 REAIS

_____ REAIS

_____ REAIS

_____ REAIS

_____ REAIS

_____ REAIS

1 CENTAVO

5 CENTAVOS

_____ CENTAVOS

_____ CENTAVOS

_____ CENTAVOS

1 REAL

PARA EXPLORAR

***O MENINO E O DINHEIRO**, DE REINALDO DOMINGOS. EDITORA DSOP.*

OBSERVANDO ATENTAMENTE O MUNDO AO SEU REDOR, A PERSONAGEM PRINCIPAL DA HISTÓRIA PERCEBE QUE, PARA REALIZAR MUITAS TAREFAS, É PRECISO UMA COISA CHAMADA DINHEIRO.

3 LIGUE CADA PRODUTO À CÉDULA CORRESPONDENTE AO VALOR DELE.

REPRESENTAÇÃO SEM PROPORÇÃO DE TAMANHO ENTRE OS ELEMENTOS.

4 MARCELA FOI À PAPELARIA COMPRAR UM CADERNO. OBSERVE AS CÉDULAS E AS MOEDAS QUE ELA TEM NA CARTEIRA.

A. QUANTOS REAIS ELA TEM NA CARTEIRA? _____

B. MARCELA GOSTOU DE UM CADERNO QUE CUSTA 12 REAIS. ELA CONSEGUE COMPRAR O CADERNO COM O DINHEIRO QUE TEM NA CARTEIRA? _____

PROBABILIDADE E ESTATÍSTICA

PESQUISA

1 VAMOS DESCOBRIR SE A MAIORIA DOS ALUNOS DE SUA TURMA PREFERE BRINCAR DE PEGA-PEGA OU DE ESCONDE-ESCONDE?

A. CADA ALUNO DEVE RESPONDER, NA SUA VEZ, SE GOSTA MAIS DE BRINCAR DE PEGA-PEGA OU DE ESCONDE--ESCONDE. REGISTRE NO ESPAÇO ABAIXO A RESPOSTA DE CADA UM. MAS ATENÇÃO: TODOS OS ALUNOS DEVEM RESPONDER, E CADA UM DELES SÓ PODE RESPONDER UMA VEZ! NÃO SE ESQUEÇA DE REGISTRAR SEU VOTO.

PEGA-PEGA	ESCONDE-ESCONDE

B. QUAL FOI A BRINCADEIRA MAIS VOTADA: PEGA-PEGA OU ESCONDE-ESCONDE?

2 AGORA, VAMOS REALIZAR OUTRA PESQUISA COM OS ALUNOS DA TURMA.

A. CADA ALUNO DA TURMA DEVE RESPONDER SE ELE TEM OU NÃO TEM ANIMAL DE ESTIMAÇÃO. FAÇA UM RISCO EMBAIXO DA RESPOSTA CORRESPONDENTE. LEMBRE-SE: CADA ALUNO PODE ESCOLHER APENAS UMA RESPOSTA.

TEM ANIMAL DE ESTIMAÇÃO	NÃO TEM ANIMAL DE ESTIMAÇÃO

B. ESCREVA QUANTOS ALUNOS DE SUA TURMA:

- TÊM ANIMAL DE ESTIMAÇÃO. _____

- NÃO TÊM ANIMAL DE ESTIMAÇÃO. _____

C. EM SUA TURMA, HÁ MAIS ALUNOS QUE TÊM OU QUE NÃO TÊM ANIMAL DE ESTIMAÇÃO?

_____

JOGO

JOGO DAS COMPARAÇÕES

MATERIAL
- CARTAS DAS PÁGINAS 201 E 203.

NÚMERO DE PARTICIPANTES
- 3 JOGADORES.

OBJETIVO
- OBTER O MAIOR NÚMERO DE CARTAS.

REGRAS

1. DESTAQUE AS CARTAS DAS PÁGINAS 201 E 203. VOCÊS VÃO USAR UM CONJUNTO DE CARTAS PARA JOGAR.
2. REÚNA-SE COM OS COLEGAS. EMBARALHEM AS CARTAS SEM OLHAR E, DEPOIS, COLOQUEM TODAS ELAS SOBRE A MESA, UMA AO LADO DA OUTRA, COM AS FIGURAS VIRADAS PARA BAIXO.
3. CADA JOGADOR, NA SUA VEZ, VIRA UMA DAS CARTAS DA MESA E TENTA ENCONTRAR O PAR DELA, VIRANDO OUTRA CARTA. SE O JOGADOR ENCONTRAR O PAR CORRETO, FICA COM AS DUAS CARTAS, PASSANDO A VEZ PARA O PRÓXIMO JOGADOR. SE NÃO ENCONTRAR, DEVE DEIXAR ESSAS CARTAS COM AS FIGURAS VIRADAS PARA BAIXO E PASSAR A VEZ PARA OUTRO JOGADOR.
4. PARA FORMAR UM PAR CORRETO DE CARTAS, O JOGADOR DEVE FAZER UMA COMPARAÇÃO USANDO EXPRESSÕES COMO: MAIS CURTO, MAIS COMPRIDO, MAIS ALTO, MAIS BAIXO, MAIS LEVE, MAIS PESADO, CABE MAIS, CABE MENOS.
5. O JOGO ACABA QUANDO NÃO HOUVER MAIS CARTAS SOBRE A MESA.
6. AO FINAL DO JOGO, VENCE O JOGADOR QUE TIVER MAIS CARTAS.

O PRÉDIO DESTA CARTA É MAIS ALTO QUE O PRÉDIO DESTA OUTRA CARTA.

Ilustrações: Renam Penante/ID/BR

▶ **DEPOIS DO JOGO**

1. OBSERVE OS PARES DE CARTAS EM CADA CASO E MARQUE COM UM **X** AS COMPARAÇÕES QUE PODEM SER FEITAS.

   A.

   ☐ A CAIXA COM LIVROS DA CARTA À ESQUERDA ESTÁ MAIS LEVE QUE A CAIXA COM LIVROS DA CARTA À DIREITA.

   ☐ A CAIXA COM LIVROS DA CARTA À ESQUERDA É MAIS ALTA QUE A CAIXA COM LIVROS DA CARTA À DIREITA.

   ☐ A CAIXA COM LIVROS DA CARTA À ESQUERDA ESTÁ MAIS PESADA QUE A CAIXA COM LIVROS DA CARTA À DIREITA.

   B.

   ☐ NA JARRA DA CARTA À ESQUERDA CABE MAIS SUCO QUE NA JARRA DA CARTA À DIREITA.

   ☐ NA JARRA DA CARTA À DIREITA CABE MENOS SUCO QUE NA JARRA DA CARTA À ESQUERDA.

   ☐ SE AS JARRAS DAS DUAS CARTAS ESTIVEREM CHEIAS, HAVERÁ QUANTIDADES IGUAIS DE SUCO EM CADA UMA.

PESSOAS E LUGARES

CONHECENDO A PETECA

A PETECA É UM BRINQUEDO DE ORIGEM INDÍGENA E EXISTEM VÁRIAS MANEIRAS DE BRINCAR COM ELA.

NA FOTO AO LADO, POR EXEMPLO, AS CRIANÇAS JOGAM A PETECA UMA PARA A OUTRA, E PERDE QUEM DEIXAR A PETECA CAIR. AS CRIANÇAS XAVANTES, POR SUA VEZ, COMEÇAM PELA FABRICAÇÃO DA PETECA, QUE ELES CHAMAM DE *TOBDAÉ*. DEPOIS COMEÇA A BRINCADEIRA. VAMOS CONHECER AS REGRAS?

▲ CRIANÇAS INDÍGENAS JOGANDO PETECA NO PARQUE INDÍGENA DO XINGU, MATO GROSSO. FOTO DE 2018.

- EM CADA PARTIDA PARTICIPAM 2 JOGADORES, E CADA JOGADOR COMEÇA COM 3 PETECAS NAS MÃOS.
- UM JOGADOR TENTA ACERTAR O OUTRO COM SUAS PETECAS E FUGIR DAS PETECAS ARREMESSADAS PELO OUTRO AO MESMO TEMPO. A PARTIDA TERMINA QUANDO UM DOS JOGADORES É ATINGIDO.
- O JOGADOR ATINGIDO SAI E DÁ LUGAR AO PRÓXIMO, COMEÇANDO UMA NOVA PARTIDA.
- O VENCEDOR É AQUELE QUE JOGAR COM TODOS OS JOGADORES E NÃO FOR ATINGIDO PELA PETECA NENHUMA VEZ.

QUE TAL BRINCAR DE PETECA DO JEITO QUE O POVO XAVANTE BRINCA? PARA ISSO, PRIMEIRO VOCÊS VÃO CONSTRUIR AS PETECAS.

MATERIAL

- ARROZ CRU.
- SAQUINHO PARA COLOCAR O ARROZ.
- PEDAÇO DE TECIDO.
- FITA DE CETIM.

MODO DE FAZER

1. COLOQUE O ARROZ DENTRO DO SAQUINHO E AMARRE-O BEM PARA O ARROZ NÃO SAIR.

3. AGORA, JUNTE AS PONTAS DO TECIDO.

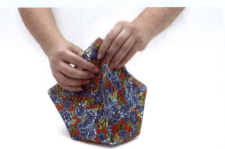

Fotografias: Maria Helena Sponchiado/ID/BR

2. POSICIONE O SAQUINHO DE ARROZ NO CENTRO DO PEDAÇO DE TECIDO.

4. AMARRE BEM A FITA DE CETIM PARA ELA NÃO SOLTAR.

AGORA É SÓ PARTICIPAR DA BRINCADEIRA!

1. VOCÊ CONHECE OUTROS BRINQUEDOS OU BRINCADEIRAS DE ORIGEM INDÍGENA?

2. QUE TAL BRINCAR COM A PETECA DE OUTRA MANEIRA? CADA ALUNO DEVE ARREMESSAR A PETECA A PARTIR DE UM MESMO PONTO. DEPOIS, DEVE MEDIR A DISTÂNCIA COM UM BARBANTE. GANHA QUEM TIVER O BARBANTE MAIS COMPRIDO.

PARA EXPLORAR

QUEM SÃO
LEIA SOBRE OS POVOS INDÍGENAS DO BRASIL NO *SITE* MIRIM.
DISPONÍVEL EM: https://mirim.org/quem-sao. ACESSO EM: 22 ABR. 2021.

APRENDER SEMPRE

1 PENSE NO TAMANHO REAL DOS MEIOS DE TRANSPORTE MOSTRADOS A SEGUIR.

- CONTORNE DE **VERDE** O MEIO DE TRANSPORTE MAIS PESADO E DE **LARANJA** O MEIO DE TRANSPORTE MAIS LEVE.

2 OBSERVE AS ATIVIDADES MOSTRADAS E PINTE O QUADRO QUE APRESENTA O PERÍODO DO DIA EM QUE VOCÊ AS REALIZA.

A. BRINCAR COM COLEGAS

MANHÃ | TARDE | NOITE

B. TOMAR BANHO

MANHÃ | TARDE | NOITE

3 RETOME O CALENDÁRIO DA PÁGINA 184 E MARQUE COM UM **X** QUAIS MESES TÊM 31 DIAS.

- [ ] JANEIRO
- [ ] FEVEREIRO
- [ ] MARÇO
- [ ] ABRIL
- [ ] MAIO
- [ ] JUNHO
- [ ] JULHO
- [ ] AGOSTO
- [ ] SETEMBRO
- [ ] OUTUBRO
- [ ] NOVEMBRO
- [ ] DEZEMBRO

- NO DIA 1º DE JANEIRO É COMEMORADO O DIA MUNDIAL DA PAZ. VOCÊ E SUA FAMÍLIA COMEMORAM ESSE DIA? CONTE AOS COLEGAS E AO PROFESSOR.

4 OBSERVE AS CÉDULAS DE CARLOS E DE DANIELA E, DEPOIS, RESPONDA ÀS PERGUNTAS.

A. QUANTOS REAIS CARLOS TEM?

_____

B. QUANTOS REAIS DANIELA TEM?

_____

5 BRUNO E CLÁUDIO NÃO SABEM QUAL DOS DOIS É O MAIS ALTO. O QUE ELES PODEM FAZER PARA DESCOBRIR ISSO? CONVERSE COM OS COLEGAS E O PROFESSOR.

ATÉ BREVE!

A CADA ANO ESCOLAR VOCÊ E OS COLEGAS VIVENCIAM NOVOS DESAFIOS E ADQUIREM DIVERSOS CONHECIMENTOS. JÁ PAROU PARA PENSAR NISSO? AS ATIVIDADES A SEGUIR VÃO AJUDAR VOCÊ A AVALIAR ALGUNS DOS CONHECIMENTOS VISTOS AO LONGO DESTE ANO.

1 GUSTAVO FEZ UM DESENHO INSPIRADO EM ALGUMAS FIGURAS GEOMÉTRICAS. VEJA.

- PINTE O DESENHO DE GUSTAVO DE ACORDO COM A LEGENDA A SEGUIR.

  ▪ TRIÂNGULOS   ▪ RETÂNGULOS

  ▪ QUADRADOS   ▪ CÍRCULOS

2 LEIA AS INFORMAÇÕES DO QUADRO E, DEPOIS, PREENCHA A ÚLTIMA COLUNA COM O RESULTADO ESPERADO.

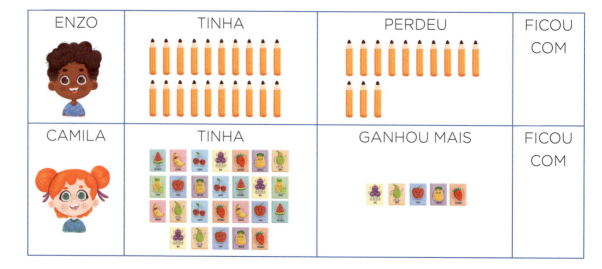

3 OBSERVE O CALENDÁRIO E, DEPOIS, FAÇA O QUE SE PEDE.

NOVEMBRO 2023

DOMINGO	SEGUNDA--FEIRA	TERÇA--FEIRA	QUARTA--FEIRA	QUINTA--FEIRA	SEXTA--FEIRA	SÁBADO
			1			4
5				9		
		14	15			
			22		24	
				30		

A. COMPLETE O CALENDÁRIO ACIMA COM OS DIAS QUE ESTÃO FALTANDO.

B. O MÊS DE NOVEMBRO INICIA EM QUAL DIA DA SEMANA?

_____

C. QUANTAS QUINTAS-FEIRAS TEM NESSE MÊS? _____

D. MARQUE COM UM **X** O DIA DA SEMANA QUE CORRESPONDE AO DIA 20 DE NOVEMBRO.

☐ DOMINGO ☐ QUARTA-FEIRA

☐ SEGUNDA-FEIRA ☐ SÁBADO

E. COMPLETE A FRASE A SEGUIR.

SE ONTEM FOI DIA _____, HOJE É DIA _____

E DEPOIS DE AMANHÃ SERÁ DIA _____.

4 COM A AJUDA DO PROFESSOR, OS ALUNOS DO 1º ANO FIZERAM UMA PESQUISA PARA SABER QUAIS SÃO AS BRINCADEIRAS PREFERIDAS DA TURMA. SABENDO QUE CADA ALUNO VOTOU UMA ÚNICA VEZ E QUE TODOS OS ALUNOS VOTARAM, OBSERVE COMO ELES ORGANIZARAM OS RESULTADOS DESSA PESQUISA EM UM GRÁFICO.

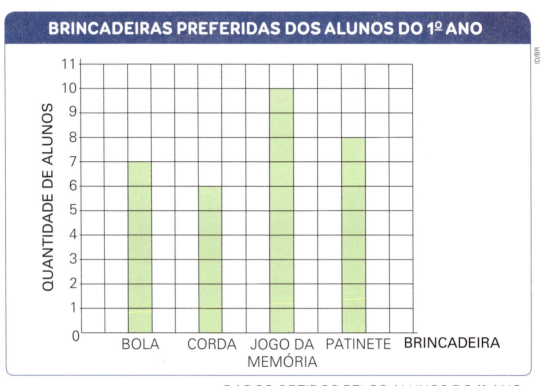

DADOS OBTIDOS PELOS ALUNOS DO 1º ANO.

A. QUAL É A BRINCADEIRA PREFERIDA DOS ALUNOS DESSA TURMA? _____

B. QUAL BRINCADEIRA TEVE MENOR NÚMERO DE VOTOS?
_____

C. QUANTOS ALUNOS HÁ NESSA TURMA?

NESSA TURMA, HÁ _____ ALUNOS.

BIBLIOGRAFIA COMENTADA

BAQUÉS, M. *600 juegos para educación infantil*. Barcelona: Ceac, 2007.
Esse livro oferece um acervo de atividades lúdicas que promovem o desenvolvimento da aprendizagem da leitura e da escrita. Os jogos ajudam a identificar situações nas quais o professor pode atuar como mediador e possibilitam interações que favoreçam o aprimoramento de aspectos cognitivos e sociais e de algumas habilidades, como concentração, percepção espacial e temporal, coordenação motora, raciocínio lógico e linguagem.

BOYER, C. B.; MERZBACH, U. C. *História da matemática*. 3. ed. São Paulo: Blucher, 2012.
Esse livro conta a história da relação da humanidade com os números, as formas e os padrões.

BRANDÃO, H.; FROESELER, M. G. V. G. *O livro dos jogos e das brincadeiras para todas as idades*. Belo Horizonte: Leitura, 1998.
Esse livro contém 250 sugestões de jogos, organizados de acordo com o nível de dificuldade e as condições do ambiente para realizar as brincadeiras. Os jogos são classificados em jogos de raciocínio, de ambientes fechados e de ambientes abertos. Eles possibilitam a interação entre os alunos e o ambiente, contribuindo também para a inter-relação entre os alunos e o professor.

BRASIL. Ministério da Educação. Secretaria de Alfabetização. *PNA*: Política Nacional de Alfabetização. Brasília: MEC/Sealf, 2019. Disponível em: http://portal.mec.gov.br/images/banners/caderno_pna.pdf. Acesso em: 7 maio 2021.
Esse documento apresenta importantes relatórios científicos internacionais e aborda conceitos como alfabetização, literacia e numeracia de acordo com estudos recentes.

BRASIL. Ministério da Educação. Secretaria de Educação Básica. *Base nacional comum curricular*: educação é a base. Brasília: MEC/SEB, 2018. Disponível em: http://basenacionalcomum.mec.gov.br/. Acesso em: 7 maio 2021.
Elaborado pelo Ministério da Educação de acordo com a Lei de Diretrizes e Bases da Educação Nacional, de 1996, esse documento estabelece os conhecimentos, as competências e as habilidades que os alunos devem desenvolver na Educação Básica.

BRASIL. Ministério da Educação. Secretaria de Educação Básica. Diretoria de Currículos e Educação Integral. *Diretrizes curriculares nacionais para Educação Básica*. Brasília: MEC/SEB/Dicei, 2013. Disponível em: http://portal.mec.gov.br/docman/julho-2013-pdf/13677-diretrizes-educacao-basica-2013-pdf/file. Acesso em: 7 maio 2021.
Esse documento traz as diretrizes que estabelecem a base nacional comum, responsável por orientar a organização, a articulação, o desenvolvimento e a avaliação das propostas pedagógicas das redes de ensino brasileiras.

BRASIL. Ministério da Educação. Secretaria de Educação Fundamental. *Ensino Fundamental de nove anos*: orientações para a inclusão da criança de seis anos de idade. Brasília: MEC/SEF, 2007.
Esse documento foi elaborado com base no diálogo com gestores dos sistemas de ensino, com o propósito de desenvolver uma metodologia de trabalho voltada à ampliação do programa do Ensino Fundamental para nove anos.

BRASIL. Ministério da Educação e Cultura. Instituto Nacional de Estudos e Pesquisas Educacionais Anísio Teixeira. *Sistema de Avaliação da Educação Básica*: documentos de referência. Brasília: MEC/Inep/Daeb, 2018. Disponível em: https://download.inep.gov.br/educacao_basica/saeb/2018/documentos/saeb_documentos_de_referencia_versao_1.0.pdf. Acesso em: 7 maio 2021.
Essa publicação contém uma série de documentos de referência que orientam as edições do Sistema de Avaliação da Educação Básica.

BRASIL. Ministério da Educação. Secretaria de Educação Básica. *Competências socioemocionais como fator de proteção à saúde mental e ao* bullying. Brasília: MEC/SEB, 2020. Disponível em: http://basenacionalcomum.mec.gov.br/implementacao/praticas/caderno-de-praticas/aprofundamentos/195-competencias-socioemocionais-como-fator-de-protecao-a-saude-mental-e-ao-bullying. Acesso em: 7 maio 2021.
Inicialmente direcionado para a proteção à saúde mental e ao *bullying*, esse material apresenta as competências socioemocionais trabalhadas na coleção, bem como uma descrição detalhada acerca de cada uma delas.

BRASIL. Ministério da Educação. Secretaria de Educação Básica. *Pacto Nacional pela Alfabetização na Idade Certa*: alfabetização matemática, v. 1: Organização do trabalho pedagógico; v. 3: Construção do sistema de numeração decimal; v. 5: Geometria; v. 8: Saberes matemáticos e outros campos do saber. Brasília: MEC/SEB, 2014.
Organizados para a formação continuada de professores, esses cadernos do Pnaic abordam a alfabetização matemática na perspectiva do letramento dos alunos.

D'AMBROSIO, U. *Da realidade à ação*: reflexões sobre educação e matemática. São Paulo: Summus; Campinas: Ed. da Unicamp, 1986.
Esse livro aborda a experiência do autor como docente e, com base nela, traz reflexões sobre a inter-relação entre matemática e bem-estar social, cotrubuindo para a ação educacional.

DANYLUK, O. S. *Alfabetização matemática*: as primeiras manifestações da escrita infantil. 5. ed. Porto Alegre: Sulina; Passo Fundo: Ed. da UPF, 2015.
Com base em dados obtidos por meio de sua pesquisa, a autora identifica aspectos matemáticos presentes na escrita das crianças.

DELORS, J. *et al*. *Educação*: um tesouro a descobrir – Relatório para a Unesco da Comissão Internacional sobre Educação para o Século XXI. Brasília: Unesco, 2010. E-book. Disponível em: https://unesdoc.unesco.org/ark:/48223/pf0000109590_por. Acesso em: 10 maio 2021.
Esse relatório aponta problemas causados pelos desníveis da educação entre os países em desenvolvimento e os desenvolvidos.

FRIEDMANN, A. *Brincar, crescer e aprender*: o resgate do jogo infantil. São Paulo: Moderna, 1996.
A autora ressalta a importância do lúdico para o desenvolvimento de aspectos cognitivos, afetivos, físicos e emocionais, contribuindo para a aprendizagem dos alunos.

IFRAH, G. *Os números*: a história de uma grande invenção. 11. ed. São Paulo: Globo, 2005.
Essa obra apresenta a história da matemática por meio da evolução do raciocínio de diversas civilizações.

Kamii, C.; DeVries, R. *Jogos em grupo na Educação Infantil*: implicações da teoria de Piaget. Porto Alegre: Penso, 2009.
Essa obra ressalta a importância dos jogos em grupo para o desenvolvimento de aspectos cognitivos e interpessoais dos alunos e fornece ao professor sugestões de como escolher e modificar os jogos de acordo com a aprendizagem deles.

Kamii, C.; Housman, L. B. *Crianças pequenas reinventam a aritmética*: implicações da teoria de Piaget. 2. ed. Porto Alegre: Artmed, 2002.
As autoras apresentam estratégias educacionais, sugestões práticas e atividades que incentivam o pensamento numérico e contribuem para o desenvolvimento da aprendizagem dos alunos.

Kishimoto, T. M. *O jogo e a Educação Infantil*. São Paulo: Cengage Learning, 2016.
A autora resgata a importância dos jogos tradicionais para o desenvolvimento dos alunos, a despeito do processo de industrialização e urbanização, com base em estudos de teóricos da educação, como Piaget, Wallon, Vygotsky e Bruner.

Krulik, S.; Reys, R. E. (org.). *A resolução de problemas na matemática escolar*. São Paulo: Atual, 1997.
Essa obra apresenta artigos de especialistas estadunidenses da área de metodologias do ensino de Matemática.

Lindquist, M. M.; Shulte, A. P. (org.). *Aprendendo e ensinando geometria*. São Paulo: Atual, 1994.
Esse anuário do Conselho Nacional de Professores de Matemática [dos Estados Unidos] (NCTM, na sigla em inglês) apresenta uma série de artigos sobre a metodologia do ensino de Matemática.

Machado, N. J. *Matemática e língua materna*: análise de uma impregnação mútua. São Paulo: Cortez, 1993.
O autor analisa a relação entre alfabeto e números por meio de propostas pedagógicas que visam superar as dificuldades encontradas no ensino de Matemática.

Machado, N. J. *Matemática e realidade*: análise dos pressupostos filosóficos que fundamentam o ensino da matemática. São Paulo: Cortez, 1994.
Essa obra discute a relação entre conhecimento matemático e realidade, considerando-o um bem cultural de interesse geral.

Ochi, F. H. et al. *O uso de quadriculados no ensino de geometria*. 4. ed. São Paulo: Caem-IME/USP, 2003.
Esse material destaca como o uso de diferentes malhas quadriculadas contribui para introduzir alguns conceitos de geometria, propiciando uma aprendizagem significativa.

Parra, C.; Saiz, I. (org.). *Didática da matemática*: reflexões psicopedagógicas. Porto Alegre: Artmed, 1996.
Essa obra traz reflexões sobre o ensino de Matemática na Educação Básica, além de propostas didáticas que auxiliam o aluno em suas conceituações, suas reflexões e seus questionamentos.

Perrenoud, P. *Construir as competências desde a escola*. Porto Alegre: Artmed, 1999.
O autor apresenta perspectivas e limitações na prática em sala de aula para a construção das competências e a transposição didática.

Perrenoud, P. et al. *As competências para ensinar no século XXI*: a formação dos professores e o desafio da avaliação. Porto Alegre: Artmed, 2002.
Essa obra contém textos de vários autores apresentados em uma conferência sobre o papel das competências no aprimoramento do Ensino Fundamental.

Polya, G. *A arte de resolver problemas*. São Paulo: Interciência, 1978.
Essa obra aborda a prática de resolver problemas, a qual pressupõe uma série de procedimentos cognitivos que despertam a curiosidade, a tensão e o interesse pelo trabalho mental, contribuindo para outras atividades cotidianas.

Smole, K. C. S. et al. *Era uma vez na matemática*: uma conexão com a literatura infantil. 3. ed. São Paulo: Caem-IME/USP, 1996.
Essa obra aborda a reflexão do uso de gêneros textuais da literatura infantil para desenvolver nos alunos o pensamento matemático, com mediações do professor ao longo da leitura.

Smole, K. S. et al. *Matemática de 0 a 6*, v. 1: Brincadeiras infantis nas aulas de matemática; v. 2: Resolução de problemas; v. 3: Figuras e formas. Porto Alegre: Artmed, 2000.
Essa coleção apresenta uma série de atividades para a Educação Infantil que incentivam os alunos a pensar sobre as ideias matemáticas relativas a geometria, medidas e noções de estatística.

Smole, K. S.; Diniz, M. I. (org.). *Ler, escrever e resolver problemas*: habilidades básicas para aprender matemática. Porto Alegre: Artmed, 2001.
Esse livro contribui para a discussão das competências e das habilidades no Ensino Fundamental, com foco no desenvolvimento das habilidades de ler, escrever e resolver problemas na área de Matemática.

Souza, E. R. et al. *A matemática das sete peças do tangram*. São Paulo: Caem-IME/USP, 2006.
Esse material mostra de que maneira o *tangram* pode ser utilizado para facilitar a compreensão de conceitos matemáticos, como composição e decomposição de figuras geométricas planas.

Teberosky, A.; Tolchinsky, L. (org.). *Além da alfabetização*: a aprendizagem fonológica, ortográfica, textual e matemática. São Paulo: Ática, 1996.
Esse livro retrata o processo de aprendizagem da escrita e apresenta propostas para o ensino desse processo por meio das relações entre leitura e escrita e entre significado referencial e formal no ensino de Matemática.

Vigotski, L. S. *Pensamento e linguagem*. 4. ed. São Paulo: Martins Fontes, 2008.
O autor apresenta a relação entre pensamento e linguagem e sua influência no desenvolvimento intelectual.

Vigotski, L. S. et al. *Linguagem, desenvolvimento e aprendizagem*. 14. ed. São Paulo: Ícone, 2016.
Essa obra apresenta textos de estudiosos da área de psicologia cognitiva (percepção, memória, atenção, solução de problemas, fala, atividade motora) que abordam desde os processos neurofisiológicos até as relações entre o processo intelectual e a cultura na qual os indivíduos estão inseridos, estendendo essas contribuições às áreas de neurologia, psiquiatria e educação.

Weffort, M. F. et al. *Observação, registro e reflexão*: instrumentos metodológicos I. São Paulo: Espaço Pedagógico, 1997.
Os autores abordam as três dimensões pedagógicas – a observação, o registro e a reflexão – no processo de formação do educador em relação ao aluno.

Zabala, A. *A prática educativa*. Porto Alegre: Artmed, 1998.
O autor aborda a ação educativa e o modo de ensinar por meio da função social do ensino e da concepção dos processos de aprendizagem.

DESTACAR E JOGAR

PÁGINA 190 • **CARTAS PARA O JOGO DAS COMPARAÇÕES**

DUZENTOS E UM 201

DESTACAR E JOGAR

PÁGINA 190 • CARTAS PARA O JOGO DAS COMPARAÇÕES

DESTACAR E JOGAR

PÁGINA 126 • **CARTAS PARA O JOGO FORMANDO PARES**

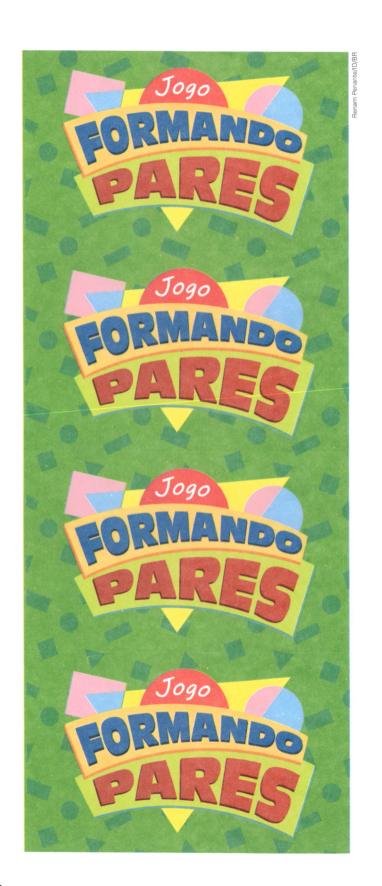

DESTACAR E JOGAR

PÁGINA 126 • **CARTAS PARA O JOGO FORMANDO PARES**

DUZENTOS E SETE **207**

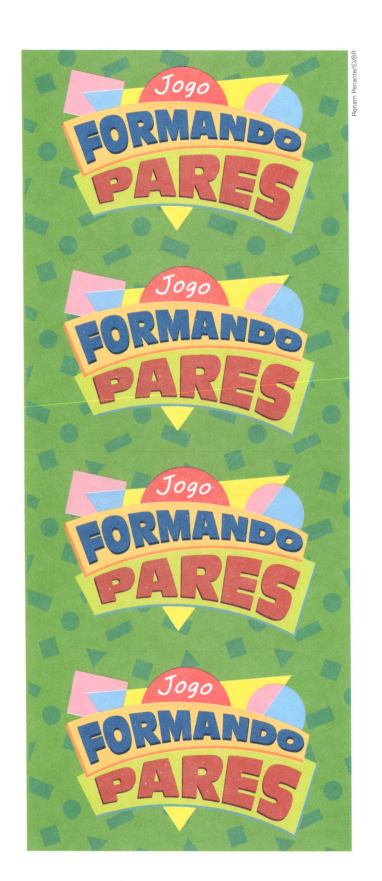

DESTACAR E JOGAR

PÁGINA 126 • CARTAS PARA O JOGO FORMANDO PARES

TRIÂNGULO AMARELO

CÍRCULO VERMELHO

TRIÂNGULO AZUL

CÍRCULO VERDE

DESTACAR E JOGAR

PÁGINA 126 • **CARTAS PARA O JOGO FORMANDO PARES**

QUADRADO AZUL

RETÂNGULO VERDE

QUADRADO VERMELHO

RETÂNGULO AMARELO

DESTACAR E COLAR

PÁGINA 112 • FIGURAS PARA O ITEM A DA ATIVIDADE 4

PÁGINA 111 • FIGURAS PARA A ATIVIDADE 2

PÁGINA 110 • FIGURAS PARA O ITEM B DA ATIVIDADE 1

DUZENTOS E TREZE

DESTACAR E COLAR

PÁGINA 53 • CENAS PARA O ITEM B DA ATIVIDADE 3

PÁGINA 53 • CENAS PARA O ITEM A DA ATIVIDADE 3

PÁGINA 51 • FIGURAS PARA A ATIVIDADE 5

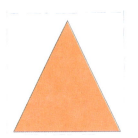